PNL NOS RELACIONAMENTOS

Rosana Cibok

Prof. Rogério Castilho

PNL NOS RELACIONAMENTOS

1ª EDIÇÃO

FORTALEZA

Dados Internacionais de Catalogação na Publicação (CIP)
(Câmara Brasileira do Livro, SP, Brasil)

Castilho, Rogério
    PNL nos relacionamentos : programação
neurolinguística aplicada nas relações humanas /
Rogério Castilho, Rosana Cibok. -- Fortaleza, CE :
Ed. dos Autores, 2021.

    ISBN 978-65-00-21116-0

    1. Carreira profissional 2. Comunicação
3. Programação neurolinguística 4. Realização pessoal
5. Relações interpessoais I. Cibok, Rosana.
II. Título.

21-62877   CDD-158.9

Índices para catálogo sistemático:

1. Programação neurolinguística : Psicologia   158.9

Cibele Maria Dias - Bibliotecária - CRB-8/9427

DEPOIMENTOS

Como médica especializada em Nutrologia, me interessei por aprender PNL buscando melhorar os resultados na minha prática clínica. Trabalho com obesidade e observei que as principais estratégias, como orientação de dieta e atividade física, tinham uma capacidade limitada de influenciar meus pacientes com excesso de peso no processo de emagrecimento, especialmente no longo prazo.

De acordo com dados da Organização Mundial da Saúde (1997) 95% dos obesos que seguem dietas fracassam na conquista de um corpo mais magro. Aprendi através do uso da Programação, mudando rotinas inconscientes instaladas, do entendimento das representações internas, fisiologia e emoções, da parte neurológica (Neuro), e da Linguística, naquilo que é importante e comanda a vida das pessoas como pensamentos, crenças e valores, que é possível alcançar resultados positivos mais expressivos e duradouros.

Não basta, pois, mudar a alimentação, é preciso transformar a forma de pensar da pessoa obesa. Compreender os processos mentais das pessoas, ajudá-las a identificar e mudar as restrições impostas pela linguagem, pelo caráter seletivo da memória e, então, alargar sua consciência à luz da razão é fator essencial para emagrecer.

O emagrecimento bem-sucedido passa pela mudança de fatores internos, através de uma reprogramação mental. Tenho usado a PNL e tenho obtido resultados excelentes e visivelmente significativos.

Drª Jussara Munareto Silva, médica nutróloga e Master Practitioner em PNL certificada por Richard Bandler

Em minha experiência profissional como professor, tenho identificado em sala de aula que os maiores empecilhos ao aprendizado dos alunos são a falta de confiança, a baixa autoestima e as crenças limitantes. Por isso, para ajudar os alunos a superar estas situações, gosto de usar algumas ferramentas da PNL, entre elas estão as Metáforas, o Modelo Milton, o Meta Modelo, entre outras técnicas.

Na rotina de sala de aula, quando eu identifico na linguagem do aluno alguma crença limitante em relação ao aprendizado, procuro usar um contraexemplo, ou uma metáfora fortalecedora, ou fazer uma pergunta do Meta Modelo para modificar o pensamento do aluno em relação ao aprendizado. Às vezes, procuro utilizar Metáforas que fortaleçam a confiança no aprendizado e que estimulem a curiosidade do aluno.

É comum escutar algumas frases limitantes em sala de aula, então eu procuro ressignificar a frase para motivar o aluno a continuar na busca pelo conhecimento e aprendizado. Alguns exemplos:

"Este assunto é difícil" para "Este assunto é desafiador".

"Eu sou burra" para "Todos nós somos inteligentes em algum aspecto".

"Eu não sou bom de matemática" para "Podemos aprender qualquer habilidade".

"Eu não entendi nada" para "Eu não entendi isto especificamente, mas posso aprender".

"Tudo é muito complicado" para "Eu sempre aprendo alguma coisa" ou "Já estou aprendendo alguma coisa".

"Tudo é difícil" para "Com dedicação e repetição, eu aprendo qualquer coisa".

"Eu sempre desisto" para "Eu posso persistir".

Particularmente, acredito que as Metáforas são muito eficientes e podem ser amplamente usadas em sala de aula para criar um ambiente de aprendizado produtivo. E para concluir, cito uma das minhas frases favoritas que utilizo em sala de aula, de autoria do Dr. Richard Bandler: "Por que continuar sendo quem você é se pode ser alguém muito melhor?"

Elvis Gomes, professor universitário e Master Practitioner em PNL certificado por Richard Bandler

Se tem algo que fazemos desde que nascemos é nos relacionar!

Nossa relação com o mundo e com as pessoas é algo tão natural que se confunde com o que somos. Um ditado popular cita " diga-me com quem andas e eu te direi quem tu és", ratificando a importância dos nossos relacionamentos na tentativa de definir quem somos. Algumas vezes mais seletivos, outras nem tanto, as dificuldades nos relacionamentos fazem parte do quem somos.

Bem verdade também que cada pessoa é um mundo único, e quantas vezes nos perdemos em longas discussões que nos fizeram andar em círculos! Parecia que falávamos uma língua extraterrena de um mundo distante e desconhecido, daquelas que vemos nos filmes de ficção científica! Falamos alhos, e o outro entendia bugalhos! E quanto mais próxima esta pessoa de nosso vínculo emocional, os desafios eram ainda maiores! Ele(a) não me entende!!!!

A PNL me permitiu, quando desejasse, aprimorar minha comunicação, fazer com que minha mensagem fosse melhor entendida sob o prisma que queria abordar! Além de me apresentar algumas técnicas que permitiram aprimorar minha empatia com o próximo e/ou vice-versa. Sendo assim, qualquer conhecimento que nos faça pessoas melhores é necessário e indispensável! Obviamente, não a única!

A PNL é reveladora, necessária e surpreendente. Foi assim no meu mapa, simples assim!

Dr. Akash Prakasan, cirurgião vascular e Trainer em PNL formado por Richard Bandler

Quando da morte da minha mãe, em 2008, eu me senti perdido. Eu não estava à altura de saber viver sem ela. Além disso, estava completamente endividado e tinha sérias dificuldades para me relacionar com as pessoas por conta da timidez. E foi no auge deste sofrimento que ouvi falar em PNL. Fui procurar saber o que era na ânsia de encontrar respostas às minhas dúvidas. Fiz alguns cursos na área, e quando achei que já dominava essas ferramentas conheci o Prof. Rogério Castilho e já no primeiro curso que participei descobri que só então estava conhecendo a verdadeira PNL.

E parti com muitas perguntas, mas estava longe de adivinhar que voltaria com muitas mais. Só que, agora, estas perguntas eram... diferentes! Aprendi a fazer novas perguntas e, com elas, surgiam novas respostas. Com as novas respostas muitas coisas mudavam na minha vida e ainda hoje continuam a mudar. Os "por quês?" deram lugar aos "como?" (como fazer?). A timidez e o medo deram lugar à confiança. E as certezas deram lugar à magia das possibilidades infinitas. Senti que tinha passado por um processo muito transformador. No início parecia terapia, mas depois percebi que não. Era apenas auto-conhecimento, auto-consciência e lógica.

Tudo isto era maravilhoso e eu tomei a decisão mais importante da minha vida: ajudar outras pessoas a mudarem positivamente suas vidas, assim como a minha tinha sido mudada. Fundei o Instituto Gaúcho de Hipnose e PNL, onde com a parceria desse grande mestre e mentor, que tenho o imenso orgulho de hoje chamar de amigo, formamos todos os anos centenas de alunos nas áreas da PNL, Hipnose e inteligência emocional.

Espero que você obtenha tanto deste livro quanto eu tive a oportunidade de aprender e que possa transformar seus relacionamentos de forma incrível.

Vítor Silveira, empresário e Master Practitioner em PNL certificado por Richard Bander

Para falar de PNL aplicada aos relacionamentos e como ela me ajudou nos meus, tenho que começar contando o que aprendi com ela sobre comunicação.

Por ter como base o estudo do comportamento humano, como agimos ou reagimos diante de cada circunstância, ela nos ensina a sermos mais assertivos na hora de comunicar uma ideia, mas muito mais que isso, nos ensina a compreender que cada indivíduo tem uma percepção própria dos fatos. Isso porque cada indivíduo é único, forjado por seu meio, suas vivências e experiências, criando o seu "mapa individual, "o mapa de cada um".

Em minha experiência com a PNL o primeiro relacionamento a melhorar e o mais importante, e que foi decisivo, foi o relacionamento comigo mesma. Ao entender que precisava me comunicar melhor comigo, me entender mais claramente, fazer um balanço de meus resultados e dos comportamentos que me levaram a obtê-los, pude abrir uma janela para o mundo com novas possibilidades.

Aprendi que fazer as perguntas certas é a chave do autoconhecimento. Comecei a me questionar: quem eu realmente era, do que gostava, o que eu fazia de melhor? Mas, a pergunta que mudou a minha vida foi: "O que não quero mais?". Fiz uma análise daquilo que eu não aceitaria como crenças, valores e imposições que me impusera.

Percebi que agira para me sentir aceita por outros e atender expectativas alheias. Então tomei a decisão de me ouvir mais, de me conceder mais importância e melhorar a comunicação comigo mesma.

Aprendendo a me compreender, também aprendi a compreender aos outros, e a me comunicar melhor com o mundo ao meu redor.

Comecei a receber de forma muito mais proveitosa as considerações feitas sobre mim pelos que me cercavam. Todos os meus relacionamentos, sem exceção, tiveram uma considerável mudança para melhor.

Fazendo uma autoanálise profunda, me reencontrei comigo e retomei projetos que haviam sido esquecidos. Hoje faço parte de um grupo de pessoas que buscam o melhoramento constante. Pessoas que sabem que compreensão, estudo, conhecimento e autoconhecimento são as chaves para uma boa comunicação, que por sua vez é que os relacionamentos são feitos.

Fiz as pazes comigo e me aceitei com minhas fragilidades. E por consequência, passei a ser mais compreensiva com os demais.

Lu Ortiz, escritora, palestrante e Master Practitioner em PNL certificada por Richard Bandler

Eu tive o primeiro contato com a PNL em setembro de 2011 através de um treinamento vivencial, que trabalhava as 4 emoções básicas, raiva, medo, tristeza e alegria. Embora houvessem mudanças substanciais, não eram ensinadas as técnicas. Quando foi dito que havia um curso para ensinar as técnicas usadas no treinamento e outras mais fiquei naturalmente interessado. Fiz o curso Practitioner em PNL pela primeira vez em outubro de 2011 e fiquei apaixonado pela técnicas e ferramentas ensinadas e pelo autoconhecimento que vinha junto a tudo isso.

Desde então já fiz e refiz vários cursos de PNL, inclusive o Practitioner e Master em PNL certificado pela The Society of NLP e assinado por Richard Bandler e pelo Prof. Rogério Castilho.

O aprendizado adquirido com a PNL me permitiu passar a um novo nível de entendimento e ter uma flexibilidade maior em meu relacionamento pessoal e no trabalho, e entender que os comportamentos sempre têm uma intenção positiva. Descobri como meu cérebro funciona e então aprendi que para toda situação existem pontos de vistas diferentes e que as vezes isso é necessário para um bom relacionamento.

Ressignificar também é uma técnica fantástica para se trabalhar situações desconfortáveis na relação. Aprendi também que não temos controle sobre as situações do mundo externo, mas que temos controle e poder sobre o nosso mundo interno e podemos alterar o nosso estado para ter um bem-estar quando quisermos. Entrar em sintonia com a outra pessoa e mudar o estado interno dela com algumas palavras é simplesmente fantástico.

Enfim, aprendendo como seu cérebro funciona você entende também como as outras pessoas funcionam e que muitas vezes que se alterar por achar que é verdade é muito diferente da verdade em si, é apenas a sua verdade. Aprende-se também a ouvir, entender e a perguntar.

Mauricio Junior, empresário e Master Practitioner em PNL certificado por Richard Bandler

Meu primeiro contato com a PNL foi em 2007, em uma fase terrível da minha vida. Eu estava sem trabalho, sem esperança e muito, mas muito perdida. O primeiro impacto que o uso deste conhecimento causou foi na percepção que eu tinha de mim mesma, eu era extremamente crítica em relação às minhas capacidades, me depreciava demais e a maneira que eu "falava" comigo era terrível! No segundo encontro do treinamento eu já aprendi sobre rapport e apliquei esse conhecimento no meu relacionamento comigo mesma, e as mudanças foram quase instantâneas!

Minha comunicação passou a ser mais suave, passei a ter mais compaixão de mim mesma, descobri qualidades que nem imaginava ter, e como resultado passei a ser mais determinada, mais assertiva em minhas metas e objetivos. Em pouco menos de 1 ano mudei de cidade, me tornei minha própria "chefe", depois veio a faculdade de Psicologia, fiz minha primeira viagem ao exterior sozinha, fiz mais cursos de PNL com diferentes Trainers até me tornar uma! Foram tantas as conquistas que dariam um livro.

Ainda me cobro excelência, me proponho metas desafiantes e tenho ciência que tenho pontos a melhorar, mas a maneira de lidar com eles, mudou drasticamente. Hoje me orgulho da mulher que me tornei e quero mais. Agora, melhorar aspectos da minha personalidade, ser flexível e aceitar as coisas que ainda me incomodam passou a ser divertido e não uma fonte de sofrimento e cobranças intermináveis. Acredito firmemente que a Programação Neurolinguística deveria fazer parte da grade de qualquer escola. Você que está lendo este livro é uma pessoa privilegiada, aproveite!

Roseli Silva, Especialista em Tarô Sistêmico, e Trainer em PNL formada por Richard Bandler

SUMÁRIO:

PREFÁCIO

O QUE É PNL?

"PNL é o estudo da estrutura da experiência subjetiva". (Richard Bandler)

"PNL é uma estratégia de aprendizagem acelerada para detecção e utilização de padrões do mundo". (John Grinder)

"PNL é tudo aquilo que funciona". (Robert Dilts)

"A PNL estuda como as pessoas se comunicam entre si, em formas que produzem ótimos estados de desembaraço, criando assim um maior número de escolhas de conduta". (Tony Robbins)

"PNL é o manual do cérebro". (Prof. Rogério Castilho)

PNL NOS RELACIONAMENTOS

Quando nos propusemos a escrever este livro, Rosana e eu pensamos em compartilhar nossa experiência de mais de duas décadas e meia de convivência. Nos conhecemos no final de 1993, quando trabalhamos no SBT com Silvio Santos. Fazíamos ela a produção e eu as reportagens do programa "Em Nome do Amor", cuja finalidade era a de unir as pessoas...

Neste mais de quarto de século juntos, trilhamos caminhos paralelos na televisão, na Programação Neurolinguística e na Psicologia. Minha primeira graduação foi em Jornalismo, a dela em Rádio e TV. Depois, fizemos Practitioner e Master em PNL, graduamos em Psicologia e nossas pós-graduações foram na área do desenvolvimento humano. Ou seja, desde "sempre" estivemos ligados a atividades envolvidas no estudo e na prática dos mais diversos tipos de relacionamentos.

Da ideia inicial de compartilhar nossa história pessoal, expandimos o objetivo, e quando nos referimos a relacionamentos, estamos falando de diversos tipos de interações humanas, incluso o relacionamento amoroso, mas não só. Como espécie, somos seres sociais com a necessidade atávica de interagirmos. O desenvolvimento da Comunicação foi um dos principais transformadores do homem pré-histórico em um ser verdadeiramente humano, facilitando e estreitando as relações. Será o tema central da nossa conversa.

"Nenhum homem é uma ilha", famosa frase do filósofo inglês Thomas Moru traz à mente, pela ideia de homem e de ilha, o filme "Cast Away" ("Náufrago", no Brasil) em que o personagem interpretado por Tom Hanks ao se ver perdido numa ilha, antropomorfiza, ou seja, dá características humanas a uma bola de vôlei.

"Wilson" é a única "pessoa" com quem ele se relaciona. É sobre esta necessidade humana que vamos compartilhar impressões, vivências estudos e estratégias.

A Programação Neurolinguística será o viés de nossa apresentação. Embora psicólogos, e eu neurocientista, escolhemos a PNL, este conjunto de ferramentas, pressupostos e estratégias por sua simplicidade e, ao mesmo tempo, eficiência. Seguem nossos contatos e redes sociais. Entre em contato! Vamos estreitar esse novo relacionamento!

Prof. Rogério Castilho

WhatsApp: (11)99145-4001

contato@rogeriocastilho.com.br

www.youtube.com/rogeriocastilho

www.facebook.com/rogeriocastilho

Há um provérbio que diz: para conhecer verdadeiramente uma pessoa é preciso comer um quilo de sal junto com ela.

E quanto tempo dura um quilo de sal? Essa analogia é muito interessante pois o sal significa o tempo em que você e seu parceiro passam juntos, cozinham, sentam-se a mesa, recebem amigos, compartilham histórias, discutem, fazem as pazes, discutem novamente e assim sucessivamente. Relacionamento é isso e mais uma porção de ingredientes, temperos, condimentos e aprendizados.

Depois muitos quilos de sal juntos, Castilho e eu resolvemos contar como é que se faz para não salgar demais e também não deixar a vida insossa. E como ele bem disse, ao falar em relacionamento, entendemos que poderíamos expandir esta comunicação para diversos tipos deles. E, se tudo é comunicação, vimos a necessidade de aborda-la de forma mais ampla.

Iremos falar nas linhas deste livro sobre as diversas interações humanas. De que forma elas se dão, como as pessoas se comunicam, como entendem a comunicação, o que a falta dela pode ocasionar e quais os resultados positivos de uma boa comunicação.

Contaremos sob a luz da PNL de que forma os relacionamentos podem ser melhorados e compartilhados de forma prazerosa, sejam no trabalho, na família, com amigos ou no relacionamento entre casais. Neste último, debruçando em como nós, Castilho e eu, compartilhamos nossas vidas por mais de duas décadas e meia.

Cada um tem um sistema de captação da realidade, e partindo de um pressuposto em que os pares se atraem, este livro os ensinará a entender que a realidade do outro pode também ser a sua, mas vista de outro ângulo, provando que no fundo o que queremos é o estado de felicidade.

Relacionar-se é isso! É a busca pelo bem-estar, pela troca. É a capacidade de conviver bem com os seus semelhantes. É o encontro com a felicidade. Senão, a vida fica... sem sal!

Rosana Cibok

WhatsApp: (11)99121-8379

contato@rosanacibok.com.br

www.facebook.com/rosanacibok

www.instagram.com/rosanacibok

Introdução

Este livro pretende ser uma conversa entre os autores e você, leitor. Muito longe de querer esgotar o assunto, queremos exatamente o contrário: abrir uma discussão sobre os diversos tipos de relacionamentos e como a PNL pode oferecer estratégias para facilitar e qualificar estes processos humanos.

Para quem ainda não conhece, Programação Neurolinguística é um conjunto de pressupostos, ferramentas, técnicas e procedimentos para aumento de desempenho. Foi criada na década de 1970, nos Estados Unidos, inicialmente por Richard Bandler e Frank Pucelik, que acabou saindo. John Grinder entrou e ficou conhecido com o co-criador junto com Bandler, que era seu aluno de linguística na universidade. Desde então, diversos outros desenvolvedores foram se juntando à dupla ao longo do tempo.

Em sua origem, a PNL bebeu de diversas fontes, com a linguística de Gregory Bateson e de Noam Chomsky, a Gestalt de Fritz Pearls, a Terapia Familiar e humanista de Virgínia Satir, os padrões linguísticos hipnóticos de Milton Erickson. Durante seu desenvolvimento, foi adotando outras teorias e práticas como as da Neurociência e da Psicologia Cognitivo-Comportamental. Em tempo: PNL **não é** ciência e nem se intitula como tal. Recomendamos atenção especial a livros, cursos, palestras com títulos como "PNL, a ciência de isso ou daquilo". Ao mesmo tempo, há inúmeros estudos científicos sobre a Programação Neurolinguística, em diversos âmbitos. Deixamos alguns links nas referências, no final do livro.

Quando da separação de Richard e John (sim, até mesmo os criadores da PNL se separaram. Muito mais que durabilidade, relacionamentos têm que ter qualidade), cada um seguiu um caminho e desenvolveu a PNL a seu modo. Somos seguidores da linha de Richard Bandler. O Prof. Castilho é Trainer oficial da The Society of NLP desde 2014, tendo sido treinado pessoalmente por Bandler (que inclusive participa em seu curso de PNL online, mas isto é outra história).

Este não é um manual de PNL. As técnicas, os pressupostos e estratégias pertinentes a cada tema dos relacionamentos serão discutidos durante o desenvolvimento de cada assunto. Isto não significa que algo apresentado, por exemplo, na parte de relacionamento profissional não possa ser aplicado ou adaptado a outras áreas. PNL não é "engessada", muito ao contrário. Flexibilidade nos é um conceito bastante útil, como se verá!

Seja conjugal, familiar, profissional ou social, todo relacionamento tem em comum o ingrediente ser humano. Uma mesma estratégia pode ser aplicada em diversas circunstâncias, atentando-se apenas aos ajustes necessários. No caso, o "apenas" é figura de linguagem, porque esses ajustes podem ser extremamente simples e ao mesmo tempo sofisticados. Pequenas mudanças podem provocar resultados muito diferentes.

Citado no início, quanto de sal vai na sua comida? Um pouco a mais ou um pouco a menos, você já não gosta. Se ainda não conhece a PNL, pratique as sugestões de mente aberta. Se já conhece, também! Achar que algo vai mudar só porque você conhece a técnica é parecido com querer matar a fome apenas lendo o cardápio.

COMUNICAÇÃO

Para falar em relacionamentos, sejam eles quais forem, temos que falar em Comunicação. Uma pesquisa feita nos Estados Unidos por David. K. Berlo, mostrou que o americano comum usa 70% do seu tempo se comunicando: ouvindo, falando, lendo e escrevendo. Ainda sugere que cada um de nós utilizamos de comportamentos de comunicação verbais de 10 a 11 horas por dia.

A linguagem é apenas um dos códigos que usamos para exprimir nossas ideias, sentimentos e nos comunicarmos. As formas não verbais dizem muito do que queremos comunicar. Segundo Albert Mehrabian, a nossa comunicação se dá 7% por palavras, 38% pelo tom de voz e 55% pela linguagem corporal. Isso faz com que entendamos que tudo aquilo que as pessoas atribuem significações pode ser usado em comunicação.

Comunicação não verbal é aquela feita sem os recursos da fala e da escrita. Em uma conversa, seja ela qual for, a comunicação não verbal é a que mais fala ou diz de você ou do assunto que está tratando. Por vezes, estamos dizendo uma coisa e representando outra, como quando verbalizamos concordância enquanto balançamos a cabeça negativamente.

Investigações científicas mostram que numa interação, as palavras são consideradas vias indiretas e as relações interpessoais são mais influenciadas pelos canais não verbais. A comunicação não verbal é utilizada, em partes, de forma inconsciente, mas pode ser usada deliberadamente como estratégia de linguagem. Mais adiante daremos alguns exemplos.

Diversos autores classificam os canais de comunicação não verbais em dois grupos, um deles que se refere ao movimento do corpo e outro ao produto das relações humanas. Outros autores falam em 4 níveis:

* Proxêmica: ligada ao espaço e ambiente que o indivíduo utiliza para se comunicar. O espaço pessoal varia de acordo com a cultura e é dividido em Distância Íntima, Distância Pessoal, Distância Social e Distância Pública. (Curiosidade: Robert Dilts cita um estudo feito com frequentadores de pubs ingleses e de bares franceses. Descobriu-se que os franceses se tocavam uma média de 110 vezes por hora e os ingleses, cerca de três vezes por hora.)

* Aparência física: é o impacto que as características físicas da pessoa que está comunicando podem provocar em quem está recebendo a mensagem, ou seja, comunicação não é o que você diz e sim o que o outro entende ou capta através de seu sistema, pelo que o comunicador representa para ela.

* Paralinguagem: está relacionado com as características sonoras e como elas influenciam o significado do discurso: tom de voz, intensidade, volume, velocidade, ênfase etc.

* Cinésica: são os movimentos executados pelo corpo (conscientes ou inconscientes), bem como as expressões faciais, os gestos e seus significados, de acordo com a cultura e contexto de uma sociedade.

Podemos chamar este tipo de comunicação de *meta mensagem* e ela é um aspecto essencial nas técnicas e intervenções da PNL. Revendo os dados do Dr. Mehrabian, mais da metade de nossa comunicação é não verbal.

A palavra comunicação é popular e é usada para denominar os problemas entre pessoas, quer seja nas relações afetivas ou comerciais.

Cada pessoa recebe o que vem do outro de forma única e diferenciada. O efeito da comunicação depende dos filtros pelos quais ela passa. Cada pessoa interpreta uma emissão de acordo com sua percepção.

Aristóteles definiu o estudo da comunicação com o objetivo principal de persuasão. No fim do Século XVIII, surgiu o conceito de que a comunicação seguia o dualismo mente-alma e por essa teoria um dos objetivos da comunicação era informativo, ou seja, um apelo à mente. O outro era persuasivo, um apelo à alma e às emoções, e ainda se falava na comunicação para o divertimento. Argumentava-se que poderíamos classificar as intenções do comunicador em relação ao seu receptor. Parece-nos que a comunicação tem esta intenção até hoje.

Marshall McLuhan afirma que o meio influencia significativamente a mensagem que iremos receber, sendo assim, uma mesma mensagem é percebida por um mesmo indivíduo de formas diferentes caso ele as receba em diferentes meios.

Portanto, para que uma comunicação seja efetiva deve-se analisar alguns critérios, pois o seu objetivo deve ser específico de maneira que não seja contraditória ou incoerente consigo mesmo, seja específica o bastante para que possamos relaciona-la com o real comportamento da comunicação e seja coerente com os meios pelos quais as pessoas se comunicam.

Desde a infância aprendemos e praticamos as técnicas verbais e não verbais de influenciar ou manipular o ambiente e muitas vezes não percebemos a insistência nessa manipulação através de nossos *sistemas de valores*.

E o resultado da nossa comunicação é de nossa responsabilidade. O que você diz, nem sempre é o que outro entende e se o ouvinte não entende o que você expressa é porque não está usando uma linguagem adequada à sua estrutura mental. Uma boa comunicação é aquela que atinge o ouvinte/leitor.

A comunicação eficaz é aquela que apresenta informações fundamentais para o entendimento, não deixando margens para a interpretação errônea do que está sendo dito, como frases com duplo ou sem sentido, incoerentes, descontextualizadas ou que apresentem desvios linguísticos que prejudiquem a comunicação. Como cada pessoa opera/entende através de seus *sistemas representacionais*, uma mesma frase pode ser interpretada de várias formas.

Caso queira realmente se comunicar e não apenas 'discursar', o comunicador deve assumir a responsabilidade pela comunicação ao invés de responsabilizar o outro pelo sucesso ou fracasso dos resultados obtidos através da sua interação. Ou seja, o significado da comunicação é a resposta que se desperta na outra pessoa. Se alguém responde de uma forma diferente da esperada, ou ele não compreendeu claramente ou a comunicação não foi eficaz. O que comumente acontece é que as pessoas preferem declarar que o outro não entendeu e fazem um julgamento negativo como se houvesse má vontade. Para uma boa comunicação é necessário desenvolver a flexibilidade a fim de conseguir o resultado desejado.

Um bom praticante de PNL "está proibido" de dizer coisas como "Eu falei, se você não entendeu, problema seu"; ou, pior: "Eu sou responsável pelo que eu digo, não pelo que o outro entende".

Um horror isso! Se o outro não entendeu, não houve comunicação e reformular a mensagem é responsabilidade do comunicador. É também preciso saber ouvir de maneira ativa, prestando atenção aos sinais não-verbais, evitando pré-julgamentos e crenças, deixando de lado as generalizações a fim de obter respostas não tendenciosas.

Um "modelo" do que seria uma boa Comunicação é:

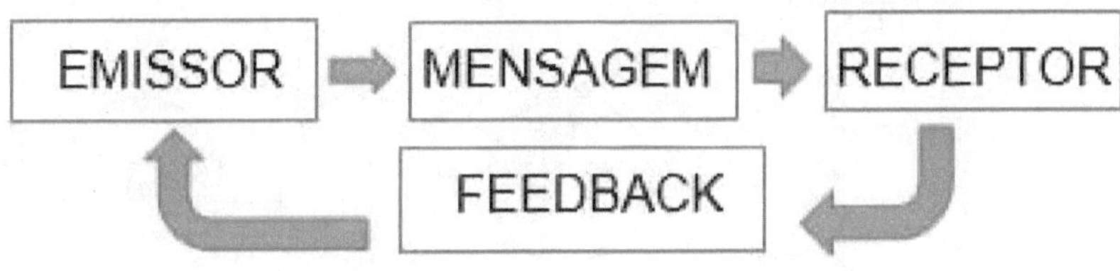

Comunicação não é o que você fala, é o que o outro entende.

Pressuposto da PNL: *"O resultado da comunicação é a resposta que se obtém"*. Certifique-se de que sua comunicação foi efetiva com a mais simples das ferramentas de checagem: perguntas. Pergunte para o interlocutor o que foi que ele entendeu. O que é óbvio para o emissor nem sempre o é para o receptor.

Entendeu?

Como as pessoas funcionam

Captamos informações do mundo exterior por nosso sistema nervoso. Vemos, ouvimos e sentimos, depois interpretamos e atribuímos significado a estas informações. A captação se dá pelo que a PNL chama de *Sistemas Representacionais*. A sigla VACOG significa Visão, Audição, Cinestesia (sensações), Olfato e Gustação.

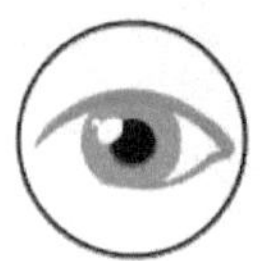

Exceto as pessoas com deficiência em algum dos órgãos dos sentidos, utilizamos todos e damos preferência inconsciente a alguns. Para efeito didático simplificado, vamos juntar a Cinestesia com o Olfato e a Gustação, por todos serem sensações. Então, o VACOG passa a ser VAC. E as pessoas têm um sistema representacional **predominante**; os que preferem captar e transmitir informações através das imagens são os chamados Visuais; os que preferem os sons são os Auditivos e os que preferem as sensações são os Cinestésicos.

Pessoas predominantemente visuais dão importância à aparência, cores, detalhes. Preferem informações por escrito e se houver fotos ou gráficos, melhor. Os predominantemente auditivos são atentos aos sons, pronúncias, costumam cantarolar, têm mais facilidade com idiomas, incomodam-se com ruídos e com quem fala alto.

Predominantemente cinestésicos "precisam" do toque, do abraço, do contato físico. Intensificam expressões de sensações, como "estou morrendo de fome", "congelando", "derretendo de calor", coisas assim.

Um sistema não invalida o outro; obviamente, cinestésicos podem gostar de música e de fotografia, mas vão expressar suas impressões sobre elas em forma de sensações, por exemplo. Por isso dizemos sistema *predominante*.

Esta diferenciação é bastante útil para você SE entender e entender melhor o outro. Imagine um casal em que um é predominantemente auditivo e o outro, visual. O primeiro vai preferir se expressar por palavras e o segundo quer *ver*. Pode parecer um detalhe (lembra do sal?), e realmente é. Um detalhe que pode fazer enorme diferença na comunicação.

Para identificar o sistema das pessoas, gostamos de fazer duas perguntas: Quais as melhores férias que você já tirou - e por quê? Pare a leitura por um instante e responda. Como você descreve a experiência? Riqueza de detalhes, de lugares, de cores? Ou foram os sons, músicas, sotaques (ou o silêncio) que te chamaram mais a atenção? Talvez as sensações... O calor, ou o frio, os temperos, os sabores, a brisa, os eventuais "apertos" que passou?

Todos vivenciamos experiências variadas, o que importa para o entendimento é onde colocamos a ênfase. Os predominantemente visuais costumam gesticular, "desenhando" no ar o que dizem, utilizam palavras como grande, pequeno, bonito, feio, colorido, brilhante, "vou desenhar um quadro da situação", "olha só", "está claro?".

Os mais auditivos geralmente têm um tom de voz melodioso, capricham na dicção e na pronúncia, evitam "comer" os esses e erres das palavras *("os copo", "as meia", "fazê", "comprá"),* têm facilidade para idiomas e usam palavras como harmonia, ritmo, estrondo. Os com predominância cinestésica gostam de tocar as pessoas enquanto falam, e se não for possível ou recomendável, tocam a si mesmos, reparam na temperatura, textura das roupas, e usam termos como quente/frio, duro/mole, macio/áspero, confortável, suave, gostoso etc.

E aí, se identificou?

EMOÇÕES

A comunicação entre humanos é feita através de nossos filtros de percepções e nossas emoções captadas por estes filtros. O que queremos dizer com isto é que as emoções estão a nossa disposição para que possamos utilizá-las de acordo com a nossa necessidade.

No livro O Refém Emocional (Bandler e Lebeau, 1993) falam que temos acesso a todas as emoções e comportamentos e podemos utilizar e transformar de acordo com a nossa intenção e interação com o mundo.

Nem sempre as emoções que sentimos são aquelas que gostaríamos de estar sentindo e os nossos comportamentos são o resultado de nossas emoções. Tomar consciência do que se está sentido e gerenciar esta emoção é um bom sinal de inteligência emocional. Quanto mais inteligente neste aspecto, melhor será a qualidade da sua comunicação e, por consequência, dos seus relacionamentos.

Fazemos então uma pergunta: como seria se você pudesse identificar, controlar ou transformar suas emoções imediatamente, a fim de que seus comportamentos também fossem alterados? O que você *sente* ao imaginar esta possibilidade? Ficou feliz? Opa, felicidade não é emoção, é sentimento... Emoção é um conjunto de respostas químicas e neurais que surgem das memórias emocionais quando o cérebro recebe um estímulo externo. Sentimento é uma resposta à emoção. Exemplos de emoção: alegria, surpresa, raiva, pânico. Exemplos de sentimentos: amor, felicidade, inveja, ódio.

Para guardar: emoção gera sentimento. E sentimento gera comportamento.

Lembre de suas experiências vividas nas últimas horas e perceber que as emoções definiram suas atitudes e reações. Conseguindo observar cada uma delas e quais resultados trouxeram, você poderá passar a estabelecer o que deseja sentir e poderá controlar seus comportamentos.

Suas emoções se comunicam com você. Por vezes, nossos sentimentos são inconscientes e não conseguimos descrevê-los. Portanto, não devemos confundi-los com um conjunto de sensações corporais que possamos estar sentindo, como por exemplo um "nó na garganta" antes de uma entrevista de emprego, um "frio na barriga" antes de um encontro. Ou seja, existe uma diferença entre as sensações e a emoção em si e é importante distinguir para saber como reagir.

Suas emoções podem te alertar para algum acontecimento ou situação que necessita de mais atenção; Bandler e Lebeau denominam isso de "atributo funcional". As emoções te orientam para que sua reação seja mais adequada à emoção que está sentindo em determinado momento. As emoções não são determinadas pelas circunstâncias, mas sim pelo o que está acontecendo no seu íntimo em relação as circunstâncias. Isso tudo de forma inconsciente e se você aprender a entender as escolhas emocionais, sua vida pode mudar para melhor.

Conhecendo a estrutura das emoções você pode modifica-las. É comum nos vermos presos a emoções que não queremos sentir sem conseguir fazer nada para mudar o estado. Por outro lado, entendendo a estrutura das emoções que queremos sentir podemos escolher e até criar as que nos levam ao prazer.

As emoções humanas estão envolvidas por várias manifestações e padrões de pensamentos.

Na verdade, os seus pensamentos é que te levam a sentir o que sente. E os componentes destas emoções tem a ver com as características de cada pensamento. A Programação Neurolinguística oferece diversas estratégias para identificar estas características e muda-las, se você quiser.

Por exemplo, quando tiver um pensamento que te leve a ter reações que não goste, pense o que isto poderá acarretar no futuro. Ou seja, troque o tempo das ações, pegue o que este pensamento, que te leva a esta reação agora (presente) e o coloque no futuro, perguntando-se qual será o resultado disso. Perceba se o resultado é indesejável e se o for, você tem a opção de fazer outras escolhas, agora. Tendo a oportunidade de observar possibilidades futuras indesejáveis você será capaz de mudar, apenas entendendo os resultados negativos através desta referência temporal.

Outra maneira de mudarmos as emoções é acreditando que algo precisa ser feito sobre aquilo que está impactando no momento. Este algo tem que ser no nível de possibilidade. O que você poderia fazer no momento para mudar a situação positivamente? Escolha algo em que você realmente possa atuar de forma positiva, algo que dependa só de você. Exclua os fatores externos, pois nossos pensamentos são carregados de realidade externa que são convertidos em nossas reações, de acordo com os nossos filtros de percepções do mundo. Seja responsável por esta mudança.

Envolvimento com seus pensamentos no sentido de saber o que fazer para mudá-los é uma atitude sua. Tenha um envolvimento ativo em suas emoções, você deve ter participação direta nas ações que envolvam estas mudanças.

Ficar esperando que seus pensamentos mudem sem que você esteja envolvido na tarefa de fazer melhor pode não surtir o resultado esperado.

Aqui queremos dizer que você deve ter um objetivo a fim de que consiga fazer a mudança em seu pensamento e mudar suas ações. O que você pensa é realmente o que espera como resultado final em sua vida? A passividade em relação ao que quer pode te levar aos mesmos pensamentos e com isso comprometer o resultado de suas ações.

Prestando atenção nos pensamentos que te fazem agir, as ações ficam mais próximas, sejam elas positivas ou negativas. Portanto, entenda qual é a intensidade e peso que está colocando no pensar que te afasta de suas conquistas. Isto te leva a quais emoções? Te aproxima ou te afasta do que deseja? Pensamentos são nutridos por atenção. Aqueles que você der atenção, ficam. Os demais se vão.

Tenha cuidado com as comparações que fazemos com pessoas ou situações a fim de que não se torne um padrão para você. Como por exemplo passar a se sentir incapaz diante de situações que nem viveu ainda. Para a PNL, se uma pessoa fez algo, você também pode fazer – respeitando-se as limitações naturais. Entretanto, a comparação é um fator com muito peso na criação das emoções, portanto experimente comparar-se menos com os outros e mais consigo mesmo, ontem. E fazer os ajustes necessários para se sentir melhor.

Isso porque existe um ritmo que permeia nossas emoções, ou seja, se fizer uma experiência consciente de qual é o seu ritmo quando está estressado, observar como anda, como respira ou se porta, perceberá que este ritmo tende a ser acelerado. Sabendo disso, para se acalmar você pode mudar o seu ritmo e trabalhar melhor suas emoções.

Isto serve para ritmos acelerados e ritmos lentos, você pode conduzir suas emoções se conseguir entender como funcionam seus ritmos em diversas situações da vida. Logo mais compartilharemos algumas técnicas para mudanças imediatas de estados emocionais.

Outro fator que pode influenciar nas suas emoções é a maneira como dá importância aos fatos. Quando acreditamos que vamos conseguir mudar algo, então este algo fica mais factível de mudança, e da mesma forma quando pensamos ao contrário disso. Ou seja, você dá ou coloca a devida importância aos acontecimentos e isto pode te levar a emoções desagradáveis.

A PNL dá o nome de segmento à descrição de parte de nossas experiências ou aquilo em que prestamos mais atenção. Temos a segmentação para baixo (chunking down) e segmentação para cima (chunking up). O que é isso e para que serve? Algumas pessoas se expressam de maneira genérica, é preciso ajuda-las a especificar.

Por exemplo:

- Eu me atrasei porque tive um **problema de transporte**.

- O que houve?

- Meu **carro**.

- O que é que tem?

- Furou um **pneu**.

Outras, ao contrário, são específicas demais, em muitos casos segmentar para cima ajuda na comunicação. Por exemplo: o marido diz que terão que colocar o filho numa escola mais barata porque o orçamento familiar está muito apertado.

A esposa fica indignada, acha a ideia absurda, começam a discutir até que o marido pergunta por que eles estão discutindo. Ela diz que é porque quer o melhor para o filho. Ele diz que quer a mesma coisa, por isso está pensando em economizar um pouco na escola para que não faltem as outras coisas para o filho. Num nível bem acima, ambos querem a mesma coisa.

Em situações individuais, quando tivermos sentindo uma emoção indesejada, podemos fazer questionamentos que nos leve a prestar atenção em diferentes detalhes daquela emoção, fazendo com que entenda onde você pode mexer, em que conteúdo: tempo, modalidade, intensidade, ritmo ou comparação. E como dito acima, mexendo em um desses ingredientes, sua emoção pode se transformar.

Quando se entende a estrutura da emoção, pode-se observar como ela age e qual é o efeito sobre o seu comportamento diante dela. Entendendo essa estrutura transforma-se uma emoção desagradável em outra mais adequada para o momento em que acontece ou em qual você escolher.

A estas mudanças damos o nome de **submodalidades**. As modalidades são a visual, a auditiva ou a cinestésica (VAC). E cada modalidade é composta de pequenas partes, de ingredientes (em PNL chamados de *drivers*), de submodalidades. Por exemplo, a modalidade visual trata de imagens. E de que são compostas as imagens? Cor, tamanho, localização, distância, nitidez, brilho, movimento, 3D ou "flat". Os sons: volume, velocidade, localização, autoria, timbre, tonalidade, ritmo. As sensações: quente, frio, apertado, pesado, leve, liso, rugoso, áspero, macio etc.

Emoções (assim como os sentimentos) têm submodalidades. E estas são expressas através do sistema representacional predominante. "Não vejo com bons olhos", "a coisa está feia", "algo me diz", "não vou dar ouvidos", "peso no peito", "nó na garganta". Agora imagine o que acontece quando mudamos as submodalidades.

Vamos ao último exemplo o do nó na garganta. Como é este nó? O quanto ele aperta? E se imaginasse o nó se soltando, afrouxando, até ficar confortável, como seria?

O mesmo se daria nos exemplos de peso ou de som, ajustando as respectivas submodalidades de cada sistema.

Como mudar submodalidades

Reiterando um pedido anterior: se não conhece PNL, apenas faça o exercício com o mínimo juízo de valor. Se já conhece, faça também. A excelência vem com a prática!

Identifique em qual modalidade você identifica a emoção. É uma imagem, um som ou uma sensação, ou duas modalidades juntas? Preste atenção. Agora, identifique as submodalidades. Recomendamos que escreva todas num papel ou digite no celular ou computador. Em muitos casos, a emoção é representada por dois ou até pelos três sistemas. Quanto mais "ingredientes" você identificar, mais fácil será mudar o sentimento.

Vamos supor que aquele nó na garganta seja como o de uma corda, branca, com intensidade 6 (de zero a dez). Concentre-se na imagem e na sensação e faça com que a corda vá mudando para a cor que você mais gosta ao mesmo tempo em que vai soltando o nó. Você também pode, por exemplo, transformar mentalmente a textura da corda em seda. Que tal?

O cérebro trabalha muito rápido, você pode ensaiar e quando tiver certeza de todos os movimentos, realiza-los mentalmente muito rápido.

John LaValle, presidente da The Society of NLP tem uma frase genial: "Your brain works faster than you think". "O seu cérebro trabalha mais rápido do que você pensa, em tradução livre.

*Após realizar as mudanças, você precisa pensar em outra coisa imediatamente. As trocas de submodalidades se dão **em nível** inconsciente e é útil ativar seu consciente agora. Faça uma conta de cabeça, procure lembrar do que vestiu anteontem, cante o refrão de uma música, qualquer coisa. Chamamos este procedimento de "quebrar estado". É absolutamente necessário. E rápido.*

Agora, teste. Procure a antiga emoção e não se surpreenda se ela não estiver mais por aí. Caso ache que ainda há resquícios e quiser, refaça o exercício a partir do estado atual. Se inicialmente o nó tinha intensidade 6 e 3, por exemplo, refaça as perguntas sobre as submodalidades deste novo nó e siga com os procedimentos.

*Vale o mesmo se for uma só uma imagem ou som. Identifique e mude **rapidamente** as submodalidades. Quebre estado e teste.*

[Muita gente nos pede indicações de livros para aprofundar no estudo da PNL. Sempre recomendamos que se busque na fonte. No caso específico, não há tradução para o português do original "As Insider's Guide To Sub-Modalities", de Richard Bandler e Will MacDonald.]

RELAÇÕES

Relacionamento interpessoal é a conexão entre duas ou mais pessoas dentro de um contexto específico, podendo ocorrer em várias situações. O ser humano, comumente, se relaciona em vários ambientes simultaneamente e para que isto ocorra existe a troca de energia, de emoções, sensações e acontecimentos. Quanto maior a troca de energia e amor, maior as conexões. Por isso dizemos que o amor é a essência da vida. Um ambiente em que existe amor proporciona que a energia circule e transforme os relacionamentos em estados positivos. Quanto mais amor existir, mais verdadeiras serão as conexões.

Para se estabelecer um bom relacionamento interpessoal é necessário que o relacionamento *intrapessoal* seja de qualidade, ou seja, quanto melhor nos relacionarmos conosco, melhor será nossa emissão de comunicação. E, para que essa relação intrapessoal seja positiva, é necessário que estabeleçamos uma boa qualidade de nossos pensamentos, uma vez que nossos comportamentos estão, diretamente, ligados àquela relação. E quando dizemos das relações interpessoais, temos que observar todos os ambientes por onde circulamos.

Pergunta: como está o seu relacionamento com você mesmo? Você gosta da sua companhia ou está sempre procurando distrações, ocupações e a companhia de outras pessoas? Você se convidaria para sair? Se contrataria? É um exercício individual, abuse da sinceridade. Talvez você precise se reconciliar consigo mesmo primeiro, para depois desenvolver relacionamentos interpessoais mais saudáveis.

A qualidade de nossos relacionamentos depende de nós mesmos, da maneira como interpretamos as mensagens que recebemos e de que maneira permitimos que elas nos afetem positiva ou negativamente. (Os exercícios de submodalidades cabem aqui perfeitamente.)

Quando sabemos nos comunicar com efetividade e temos um relacionamento interpessoal positivo com as pessoas com as quais convivemos, isso facilita a que possamos resolver as pendências e superar os momentos de crise com muito mais sabedoria e agilidade. Logo, podemos usar estes atributos para dialogar positivamente com os envolvidos em qualquer questão ou problema e alcançar efetivamente a conciliação dos interesses de todas as partes.

Seguem algumas dicas para melhorar a qualidade dos relacionamentos interpessoais:

- Desenvolva a empatia/rapport
- Respeite o modelo de mundo das pessoas
- Busque uma comunicação assertiva
- Respeite a diversidade
- Seja cooperativo e interativo
- Trabalhe sua percepção

"Como?", você pode estar se perguntando. Vamos lá! A Programação Neurolinguística é bastante pragmática e foca no resultado.

Rapport significa relação em francês. Na PNL, é um meio de entrar no mundo do outro, demonstrando interesse genuíno e disponibilidade. Nós gostamos de pessoas parecidas conosco; então, quanto mais similaridades com o outro você descobrir – e demonstrar -, mais o outro vai gostar de você.

Uma das mais eficazes maneiras de fazer isso é por meio de perguntas. Faça perguntas sobre a pessoa, sobre a vida dela, o trabalho, os projetos e, por favor, a OUÇA com atenção. Há quem pergunte por formalidade e antes da resposta já começa a falar de si. Rapport quebrado com sucesso!

OUVINDO o que o outro diz, você terá oportunidades de descobrir coisas em comum como gostos, preferências, experiências, desejos – ou mesmo coisas que não gosta. Ressalte essas afinidades e estabeleça um rapport de qualidade. Nós, seres humanos, gostamos de estar com a razão e sentimo-nos muito bem quando concordam conosco (concorda?). Quanto mais informações você ouvir, mais será possível manifestar concordância.

Desnecessário dizer que você não deve mentir, forçando similaridades onde não existe. O risco é o de cair em contradição em outro momento da conversa e ter tudo o que foi dito jogado no mesmo cesto das mentiras. Fazendo perguntas abertas você terá muitas informações iguais para ressaltar.

Pergunta aberta é aquela cuja resposta não pode ser simples como um "sim" ou "não". "Quais as melhores férias que você já tirou - e por quê?" são perguntas abertas. "Tudo bem?" é uma pergunta fechada.

Entendeu? (rsrs)

Há diversas outras maneiras de atingir um bom nível de sintonia. Além das perguntas, um bem simples é o chamado espelhamento. Como o nome sugere, deve-se tornar uma espécie de espelho dos comportamentos verbais e não verbais do interlocutor. Se a pessoa estiver em pé, procure ficar em pé; se ela estiver sentada, sente-se. Se ela fala mais alto que você, aumente *um pouco* o volume da sua voz. Obviamente, esta estratégia deve respeitar os limites culturais, sociais e físicos. Não vá espelhar um faquir que faz contorcionismo nu sobre uma cama de pregos.

Você pode espelhar:
- Postura física
- Gestual
- Velocidade da fala
- Respiração
- Volume da voz
- Tom da voz
- Sistema Representacional
- Conteúdo (fale do que a pessoa estiver falando)

O rapport tem um objetivo e uma estrutura: acompanhar, acompanhar, acompanhar e conduzir. Isto significa que suas chances de ter uma ideia, proposta, projeto ou o que quer seja atendido aumentam substancialmente depois do rapport estabelecido.

Ao ressaltar as semelhanças, ao concordar com seu interlocutor, você vai plantando no inconsciente dele a constatação de que vocês são iguais ou, pelo menos, parecidos. Assim, em última análise, ao fazer uma concessão a você, a outra pessoa estará fazendo a ela mesma.

Respeite o modelo de mundo das pessoas

Chamamos de *mapa* o modo como vemos o mundo. Inclusive, um dos pressupostos principais da PNL foi adotado da Teoria da Semântica Geral, do filósofo e cientista Alfred Korzybski: *o mapa não é o território*, sendo *mapa* o modo como vemos o mundo e *território* o mundo em si. O meu mapa é apenas uma interpretação, o seu também é. Assim sendo, podemos discordar, mas devemos respeitar o mapa dos outros. Não está certo nem errado, é apenas o mapa deles.

Nossos mapas começam a ser construídos ainda na vida intrauterina e seguem sendo atualizados até a vida adulta. Mapas não são fixos (felizmente!), fazemos ajustes naturalmente ou quando decidimos. A neurocientista Carol Dweck chama os mapas de *mindset* na magistral obra "Mindset – A nova psicologia do Sucesso". Ela os divide entre mindset fixo ou mindset de crescimento, sendo o primeiro aquele em que as pessoas acreditam em sorte, dom, que o grau de inteligência seria inato e imutável etc., e o mindset de crescimento, o contrário. Para este modo de pensar, existem possibilidades infinitas de desenvolvimento, crescimento, evolução e aprendizado constante. Dois modos de pensar, dois modos de produzir e interpretar resultados.

Por isso, nós da PNL evitamos dizer que alguém estaria "errado" em termos de pensamentos. As pessoas agem de acordo com seus mapas (e quando não o fazem, chamamos de *incongruência*). Usamos literalmente as expressões "no meu mapa", "no seu mapa" quando interagimos com "iniciados" na PNL. Com as demais pessoas, dizemos "para mim", "na minha/na sua opinião", coisas assim.

O mapa não é o território, a bula não é o remédio, a receita não é o bolo. Em jornalismo se diz que não há fatos, apenas versões.

Entender – e aplicar – estes pressupostos é ao mesmo tempo desafiador e um excelente meio de se estabelecer e manter relacionamentos de qualidade. É desafiador porque estamos acostumados a pensar do nosso jeito, do "jeito certo" e assumir que o jeito do outro pensar não está "errado" é um exercício.

Vamos compartilhar estratégias para fazer com que você entenda e adote esta "flexibilidade comportamental" que, temos certeza, te fará muito bem. Temos certeza? Vamos reformular: te fará muito bem, segundo o nosso mapa...

Busque uma comunicação assertiva

Alguma vez você foi ao supermercado com uma lista do que *não* ia comprar? Imaginamos que a ideia seja absurda para você também. Quando fazemos uma lista de compras, colocamos nela o que efetivamente queremos adquirir. E por que no processo de comunicação não é assim? Muita gente é expert em dizer o que *não* quer – e fica brava porque o outro sente dificuldade em entende-la.

Comunicação assertiva (assim como a lista de compras) deve exprimir o que se quer. Pode parecer óbvio, mas preste atenção nas suas últimas conversas presenciais e troca de mensagens. Para lembrar (ao invés de "não esqueça"): sempre que não queremos alguma coisa, queremos outra. Foque no que quer!

Importante salientar que a comunicação assertiva vem, obviamente, do pensamento, e que NADA tem a ver com "pensamento positivo". Com frequência, a PNL é chamada desdenhosamente de autoajuda. Pensamos que se ajuda, está muito bom. Pode ser que pensamento positivo também ajude, mas não temos conhecimento no assunto.

O primeiro papel da assertividade deve ser na comunicação intrapessoal, de você com você mesmo. Faça uma autoanálise e pergunte-se o que você quer na vida, em diversas áreas. Preste atenção nas respostas que se dá. Se o foco estiver no que não quer ("Não quero mais sofrer", "Não quero mais trabalhar com o que faço hoje", "Não quero mais ficar sozinho/a"), recomendamos que comece a elaborar pensamentos assertivos. E escreva-os!

Nas relações interpessoais, o mesmo. Diga claramente o que você quer. OK, sabemos que algumas situações são desafiadoras, mas atente para o fato de que se você não explicitar, o outro terá que "adivinhar", e o que é obvio para você pode não ser para os demais.

O *rapport* existe também para facilitar estas conversas. Pratique o *rapport* enquanto você não precisa dele, para que nos momentos de necessidade você saiba o que fazer. No caso aqui, entrando em sintonia fica mais fácil para você apresentar seus argumentos, desejos ou pensamentos.

Respeite a diversidade

Para além do mapa das pessoas, isto é, o modo como elas veem o mundo, é interessante respeitar o modo de viver do outro, suas escolhas e preferências, hábitos e costumes.

Como vimos no *Rapport*, nós gostamos de pessoas parecidas conosco. As diferentes, consideramos esquisitas, chatas, "nada a ver", quando são apenas... diferentes!

Importante entender que respeitar não significa concordar. E pode ser que seja interessante pensar que enquanto humanos, somos seres hedonistas, ou seja, vivemos em busca do prazer. As pessoas que consideramos diferentes fazem a mesma coisa que nós, apenas por outros caminhos. Torcedores de times rivais, religiosos extremistas, apaixonados políticos lutam pelas mesmas coisas, apenas por cores e caminhos diferentes. Praticando *chunking up* você entende melhor os outros e se relaciona melhor com eles. Experimente!

Há quem relaxe ouvindo música clássica, há quem relaxe com o bom e velho rock and roll. Quem está "certo"? Quem está "errado"?

Seja cooperativo e interativo

Cooperar é operar/agir em conjunto. A qualidade dos seus relacionamentos vai aumentar exponencialmente quando você começar a colaborar nos projetos dos outros, seja atuando na prática, seja incentivando. É um exercício a ser desenvolvido porque semelhante ao que foi dito no *Rapport*, tendemos mais a querer falar e esperar ajuda para os *nossos* projetos.

William James, filósofo e pioneiro da psicologia, disse: "O mais profundo princípio da natureza humana é a ânsia de ser apreciado". Nós queremos, você quer, os outros também querem. Sabendo disso, aprecie as pessoas e seus projetos *verdadeiramente*. Elas se sentirão bem com seu interesse – e gostarão mais de você.

Apreciar verdadeiramente está dentro do ouvir, citado anteriormente. Muita gente escuta, mas não ouve. A PNL sugere que você demonstre que está prestando atenção nas pessoas *repetindo* o que elas dizem. Porque para repetir você precisa ter escutado, ouvido, processado, entendido – e repetido. "Então você está dizendo que..." e repete o que a pessoa disse. Ela terá a certeza de que está sendo notada. E o milagre da interação se dará!

Importante lembrar do pressuposto de *respeitar o mapa do outro*. Você não precisa concordar, mas deve respeitar. Coopere, interaja – até mesmo para sugerir mudanças. Suas sugestões serão muito mais bem aceitas se vierem embrulhadas em respeito e em *rapport*.

Trabalhe sua percepção

Para a PNL, percepção é realidade. Ou seja, só é real o que temos consciência. Portanto, quanto mais você desenvolver sua percepção, mas ampla será seu mapa de mundo. Há diversas maneiras de fazer isto. Você pode ampliar seu arsenal perceptivo experimentando coisas inusuais, como fazer um caminho diferente de casa para o trabalho, inverter os talheres quando for comer, tomar banho com os olhos fechados, assistir um filme fora do seu estilo preferido, sintonizar uma rádio diferente, escrever com a mão não dominante, coisas assim. Vai ativar áreas "adormecidas" do seu cérebro e, naturalmente, aumentar sua percepção de estímulos que sempre estiveram ao seu redor e você nunca se deu conta.

Também pode ser uma estratégia interessante descrever situações ou ideias utilizando outros sistemas representacionais que não o seu preferido.

Se você é mais visual, costuma conversar ressaltando imagens, detalhes, aparências. Experimente fazer o mesmo relato de modo auditivo ou cinestésico. O mesmo para os mais auditivos e os mais cinestésicos. Sabemos que de início será bem desafiador, porque pensar e falar via nosso sistema preferencial já é um processo automatizado. Treine, treine e treine! O cérebro é como um músculo, quanto mais você treina, mais forte ele fica.

Como aumentar a sua percepção

Você pode fazer este exercício sozinho, mas com um parceiro fica mais divertido e interativo – assim como várias outras coisas...

Feche os olhos e peça para seu parceiro escolher algum objeto que você terá que descobrir o que é apenas com o dedo mínimo da mão não predominante. Você estará trabalhando a percepção cinestésica.

Identificar gostos também pode ser bastante interessante. Uma única gota ou pedaço de algo comestível pode se tornar um desafio divertido. Ainda estará trabalhando a cinestesia, em específico a gustação.

A percepção visual pode ser treinada, por exemplo, com a apresentação fotos de paisagens, monumentos, pontos turísticos que você deverá identificar. Quanto menos óbvio, mais desafiador.

A audição pode ser treinada procurando associar vozes a atores e atrizes. Olhos fechados diante da TV, mude de canal, ouça e diga de quem é a voz. Este exercício já pode ser feito sozinho, assim como identificar texturas de roupas no armário.

Criatividade é um ótimo ingrediente para desenvolver a percepção.

Aproxime-se dos seus pares. Juntos podemos mais!

As redes sociais oferecem a excelente oportunidade de você encontrar o que ou quem quiser muito mais fácil e rapidamente do que antes delas. Com alguns cliques você pode encontrar pessoas ou grupos com interesses semelhantes aos seus, fazer novas amizades ou, é claro, estreitar os laços com quem você já conhece, mas não se relaciona de maneira intensa.

O paradoxo das redes é que elas aproximam os distantes, mas podem afastar os próximos. É muito comum presenciarmos grupos de pessoas cada uma com a cara enfiada no celular, cada uma em seu próprio mundinho. Às vezes, até conversando entre si, mas pelas redes.

Para que você efetivamente implemente estas estratégias, precisa ter como objetivo claro e inegociável melhorar a qualidade das suas relações. Menos que isso fará com que você volte a seu padrão anterior, porque temos a tendência natural de continuar fazendo o que comumente fazemos. O cérebro prefere rotinas porque economiza energia. Mudanças pedem atitude.

Com boa vontade, você pode encontrar semelhanças com quase todas as pessoas e estabelecer uma relação natural de reciprocidade. Perceba que não há 100% de semelhança comportamental ou de valores entre dois seres humanos adultos. Você se reconhece em alguém num determinado aspecto, mas esta mesma pessoa pode se manifestar totalmente diferente em outros. Um fiel da sua igreja pode ser torcedor uniformizado do seu rival, ou seu colega de arquibancada pode ter uma visão política antagônica à sua. Lembre-se destas diferenças, mas procure focar nas *semelhanças* circunstanciais para estreitar relações.

Como nós gostamos de pessoas parecidas conosco, evite falar de religião no jogo de futebol, de política na igreja e de religião no comício. "Quando em Roma, faça como os romanos", ensina um antigo e sábio ditado popular. Fazer o contrário é praticamente pedir para ser considerado o chato do lugar.

Flexibilidade

Outro pressuposto da PNL diz que *quem tem mais flexibilidade domina o sistema*. E o que é um sistema? Conjunto de partes que interagem com um objetivo comum. O corpo humano é composto de diversos sistemas, como o digestório, o circulatório, o respiratório etc. Socialmente falando, vivemos inseridos em diversos sistemas. O primeiro deles é o familiar, depois o escolar, o social, o profissional, e por aí vai. E quando a PNL fala em *dominar* o sistema, quer dizer se relacionar da melhor maneira possível com todas as partes.

Um bambu chinês aparenta ser muito mais frágil do que uma árvore de tronco grosso. Entretanto, se um caminhão ou trator bater com força na árvore, ela pode tombar – e morrer. E o caminhão ou trator pode passar por cima de um bambu chinês. Ele vai envergar até que o que estivar em cima saia, e então voltará à posição original. Por ser mais flexível, sobrevive.

Pois bem; como seria para você ter mais flexibilidade e conseguir estabelecer em suas relações equilíbrio e congruência, sejam essas relações pessoais ou profissionais?

E se você tivesse capacidade de se compreender melhor, entender e aceitar as opiniões e ideias de outras pessoas? Sua vida poderia se tornar mais feliz e leve, não poderia? A flexibilidade nos permite criar confiança e a gerar novos comportamentos. Olhando por diversas perspectiva você consegue encontrar respostas alternativas para uma mesma situação. E de fato, não é a situação que importa e sim o significado que atribuímos a ela.

Darwin dizia que a sobrevivência não prevalece entre os mais fortes e sim entre os mais aptos. O que é ser e estar apto senão ter a capacidade cognitiva e inteligência ligadas à sua habilidade de resiliência e transformação?

E se esta flexibilização começar na maneira como você pensa e interpreta os acontecimentos, poderá fazer transformações verdadeiras em sua vida e em seus relacionamentos. Além de tudo isso, pode usar a empatia a seu favor. Você pode estar se perguntando se há diferença entre empatia e rapport. Sim, há; como visto, rapport é estabelecer sintonia, buscar semelhanças. Empatia é se colocar no lugar do outro. Ao fazê-lo, genuinamente, passa-se a entender melhor o mapa do outro.

Mas, cuidado: ao invés de dizer algo como "eu sei o que você está sentindo", prefira *eu posso imaginar* o que você está sentindo", porque é impossível saber o que alguém pensa ou sente. Dizer que sabe é mais um exemplo da já citada leitura mental.

Como praticar a flexibilidade

Neste exercício, apresentamos o conceito de ancoragem. Semelhante ao condicionamento clássico de Pavlov, via pareamento de estímulos, âncoras são estímulos externos que disparam estados emocionais intensos.

1.   Busque uma situação que pode ser uma cena, um filme, algo que passe em sua cabeça que leve a sensação de frustração. E reviva esta sensação como se estivessem acontecendo AGORA. Ouça o que ouviu, sinta o que sentiu. Veja quem estava ao seu lado. De que maneira você se comportava? Como era sua respiração? Quais vozes você ouvia? Era a sua voz ou a de outra (s) pessoa (s)?

1a) Quando estiver chegando ao ápice da sensação, ancore a sensação de frustração, ou seja, toque em alguma parte do seu corpo e conte até três (enquanto mantém o toque).

1b) Quebre estado (interrompa o toque e saia mentalmente da situação pensando em coisas aleatórias) e, agora teste a âncora (#1) tocando no mesmo ponto com a mesma intensidade. Perceba se a sensação volta. Em caso negativo, refaça o passo 1ª. Em caso positivo, distraia sua mente outra vez.

2)   Agora, elicie uma sensação oposta à negativa que acabou de vivenciar. Reviva como se estivesse acontecendo AGORA: Ouvindo o que ouviu. Sentindo o que sentiu. Veja quem estava ao seu lado. De que maneira você se comportava? Como era sua respiração? E a sua postura?

Quais vozes você ouvia? Era sua própria voz ou a de outras pessoas?

2a) Quando estiver chegando ao ápice da sensação, ancore a sensação oposta, ou seja, toque em alguma parte do seu corpo lembrando que deve ser em outra parte e não a mesma que tocou no item #1, e conte até três (mantendo o toque).

2b) Quebre estado (saia da situação pensando em outras coisas) e, teste a ancora (#2)

*3) Dispare e solte a ancora #1, e em seguida, dispare a #2 **e***

segure.

4)   Enquanto faz isso imagine de 3 a 5 situações alternativas onde você sentiria esta sensação

5)   Solte a ancora #2

6)   Agora perceba qual a alternativa lhe é mais congruente e forte.

7)   Ponte ao futuro com a alternativa escolhida como mais forte. Ou seja, veja-se na próxima vez que for passar por um momento de frustração com esta alternativa que lhe pareceu mais congruente.

RELACIONAMENTO FAMILIAR

Como é o seu relacionamento com a sua família? Quais são as interações deste convívio? Qual o significado da família em sua vida? Como se comporta em relação ao bem-estar e ao convívio com seus familiares? Você oferece apoio ou é apoiado?

A família pode ser a base da vida. Nascemos, somos criados por cuidadores (mãe e pai, só mãe, só pai, pai e pai, mãe e mãe, irmãos mais velhos, parentes) e é neste círculo que aprendemos os conceitos fundamentais de valores que regem nossas vidas. Estes valores podem ser criados através de experiências diretas ou indiretas significativas vividas ou observadas dentro do ambiente familiar e do que se é absorvido neste ambiente, transformando-se em crenças que fazem com que enxerguemos o mundo a partir do que acreditamos (mapa de mundo).

Desta forma, a mente filtra a realidade através de três mecanismos: generalização, distorção ou eliminação (ou omissão), gerando uma realidade particular. Na PNL, chamamos o mundo, as pessoas, qualquer coisa fora de nós de *Realidade Externa* que, depois de filtrada, forma as nossas *Representações Internas*. Dizemos que nunca, jamais, teremos uma realidade na mente, apenas representações pessoais.

Na **generalização** os elementos ou partes deles afastam-se da experiência original e passam a representar toda a categoria de que a experiência é um exemplo. A pessoa passa a entender os comportamentos e atitudes como "se", através de uma experiência vivida. Usualmente, a generalização é percebida por termos como "sempre", "nunca", "todo mundo", "ninguém", "as mulheres são...", "os homens são...", etc.

Na **distorção**, são feitas substituições na experiência de dados sensoriais. Por exemplo uma pessoa que se queixa de não receber elogio, quando recebe pode entender que quem o fez, busca algo em troca.

Na **eliminação (ou omissão)** a pessoa presta atenção seletivamente a certas informações e exclui outras, como quando eu digo que o meu time é o melhor de todos e omito que ele já caiu para a segunda divisão.

O que se generaliza, distorce ou elimina depende das crenças, valores e memórias de cada um. Portanto, a visão de realidade não corresponde exatamente a mesma coisa, uma vez que passa pelos filtros de percepções únicos de cada pessoa. Mais uma vez lembramos que devemos respeitar o mapa de mundo dos outros porque ele é tão impreciso quanto o nosso.

Nossa interação com o ambiente está baseada em nossas percepções de mundo, através dos mapas mentais que criamos. Podemos ter muitas limitações com filtros empobrecidos e distorcidos, nos tornando inflexíveis. O mapa é a realidade subjetiva no qual criamos e damos significados que geram nossos comportamentos e comunicação. Cada indivíduo tem o seu mapa único de mundo. Um dos aspectos para o crescimento pessoal e a melhora nas relações é a ampliação destes mapas a fim de nos tornarmos mais flexíveis.

Os conflitos familiares são significativamente importantes na formação de uma pessoa, fazendo com que se crie habilidade emocional ou não.

É importante determinar o que significa família para você. Saber qual a importância de cada membro e como é o seu relacionamento e a interação com eles.

O relacionamento familiar tem importância fundamental na construção do ser, porém em alguns casos, os pais projetam seus próprios desejos e realizações em seus filhos. E a dificuldade na comunicação faz com que os conflitos aconteçam. A PNL ajuda no desenvolvimento da Inteligência Emocional, que é a base para a harmonia nas relações a fim de que sejam saudáveis, pautadas na compreensão do outro, permeadas por respeito mútuo e aceitação.

As adversidades nos relacionamentos estão ligadas a falta de habilidade e controle emocionais, portanto, saber lidar com as próprias emoções, se colocando verdadeiramente no lugar do outro, pode ajudar na solução dos conflitos.

Por trás de toda ação existe uma razão para o comportamento e atrás de todo comportamento existe um pensamento ou uma maneira de pensar que gerou aquela ação. Simplificando: pensamento gera sentimento, que gera comportamento. E nossos comportamentos produzem nossos resultados na vida.

A Programação Neurolinguística entra em ação na identificação do que possa ser tóxico e nocivo e ajuda a criar um novo mapa para a sua vida, gerando opções de novos caminhos, novos comportamentos e novos resultados. O que pode ser tóxico é o tratamento dado aos filhos pela falha em trata-los com as mesmas habilidades que gostariam de ser tratados. Quando não há o respeito para ouvir as necessidades, os filhos resmungam, provocam e até atormentam os pais o que são reações da natureza humana que podem acontecer em relacionamentos coercitivos de ganha-perde.

Esse tipo de paternidade é baseado na pressuposição de que uma das partes tem que abandonar o seu objetivo pessoal (perde) a fim que a outra possa atingir o seu (ganha). E a relação vira um jogo de recompensas e punições. Um estudo mostra que as relações em que os pais impõem altos níveis de restrições há a tendência de autopunição por parte dos filhos, levando, em casos extremos, até ao suicídio. Em outro estudo, filhos com baixa autoestima demonstraram ter pais que usavam mais punição e menos razão (Gordon, 1989). Constatou-se que filhos com pais autoritários têm pouco autocontrole, porém são mais contidos.

As recompensas costumam produzir mais resultados positivos do que a punição, porém há os dois lados da moeda. Tanto a punição quanto a recompensa podem gerar a diminuição ou escassez do comportamento, temporariamente. Com o tempo o comportamento pode se repetir de forma mais avançada. Com a Programação Neurolinguística esses comportamentos indesejáveis podem ser extinguidos ou substituídos por outros mais funcionais.

Virginia Satir (1972), conhecida por sua abordagem em terapia familiar e por seu trabalho com constelações familiares, dizia que a manutenção da civilização se dá pela construção de novos valores a respeito dos seres humanos. Com seu livro, *Peoplemaking,* tinha a intenção de inspirar os pais com tendências de coação a um relacionamento livre com seus filhos e parceiros. Nele, afirma que quando os pais punem com palavras ou fisicamente estão procurando habilidades que criem relações mais amorosas, cooperativas, voltadas para o ganha-ganha. (Pressuposto da PNL: *todo comportamento tem uma **intenção positiva**. Importante separar intenção de comportamento. Entender **para que** se faz algo).

As relações com base no ganha-ganha colaboram para transformar os filhos e parceiros em pessoas com mais autoestima e capacidade de cooperação, segundo Cedar (1985). Ainda podem gerar crianças e adultos com maior QI (Badwein, Kalhoun, and Breese, 1945).

Em qualquer tipo de relação é importante deixar claro quais são os objetivos de cada um dentro da situação. Ou seja, temos que perceber se o que estamos querendo impor/estabelecer não está somente atendendo ao nosso objetivo sem nos preocuparmos se o resultado afeta o outro de uma maneira que não o agrade, que vá em oposição aos valores e crenças dele.

Como descobrir isso? Identificando quem deseja o objetivo, se você que está impondo ou o outro. No relacionamento cooperativo ambos têm direitos. É importante que nos preocupemos com os objetivos do outro também. Entender se o que queremos está de acordo com os valores e crenças do outro, mesmo o outro sendo uma criança.

As relações podem se tornar colaborativas e cooperativas quando nos preocupamos com o agora, ao invés do que poderia ser ou poderá ser. A liberdade de ver, ouvir, sentir e falar sobre o que está acontecendo no momento faz com que o problema não se estenda, criando situações que poderiam ser resolvidas no momento presente. Lembrando que o outro dentro da relação/problema também tem seus objetivos e talvez não sejam os mesmos que os seus. Os pais que se utilizam do perde-ganha usam o "deve" sem se preocupar com o que a outra pessoa deseja.

Na paternidade cooperativa há o interesse genuíno em descobrir quem tem objetivos básicos. O interesse é no presente, isto é, não deixar para depois o que se pode resolver imediatamente com menos perdas para ambos os lados. Preocupando-se com o que o outro deseja (empatia). Fazer com que ambas as partes satisfaçam suas necessidades sem ferir preceitos (ganha-ganha).

Ajudar um par é diferente de fazer por ele. A relação cooperativa envolve respeito à sua própria capacidade de resolver os problemas, portanto não faça para seu filho, ensine-o a fazer para que descubra maneiras de expandir suas habilidades. O que é interessante fazer é descobrir maneiras mais adequadas de ajuda-los. Quando seu filho vai mal numa prova, se você apenas diz qual era a resposta certa, a probabilidade de ele aprender é pequena. Desenvolva a habilidade de fazer seu filho pensar. Quanto antes ele aprender, melhor!

Para Martin Seligman (1995), os pais acreditando que a felicidade de seus filhos é responsabilidade deles, tentam protege-los do sofrimento, o que pode mandar a seguinte mensagem para os filhos: os eventos desconfortáveis ou desafiantes são insuportáveis e perigosos. O medo dos pais cria um sentimento de impotência que é uma das fontes para a depressão. Desenvolvem crianças e adolescentes com estresse, angustiados e com baixa autoestima, gerando um estado de agitação ou letargia. Está aí o alto índice de crianças medicadas com cloridrato de metilfenidato, a popular ritalina, ou fluoxetina (antidepressivo).

As crianças precisam errar, sentir-se tristes, ansiosas, zangadas, eufóricas, enfim, quando as protegemos demais impedimos que elas desenvolvam habilidades e, sem elas enfraquecemos a autoestima. Corremos o risco de que cresçam sendo chamadas pejorativamente de "crianças de apartamento" ou de terem sido "criadas pala avó". Do mesmo jeito que nossos pequenos precisam desenvolver anticorpos, fortalecendo o sistema imunológico, precisam de "anticorpos sociais" para que construam um mapa de mundo mais flexível.

Milton Erickson, psiquiatra, especialista em Hipnose e criador da Hipnose Ericksoniana, conta um episódio que aconteceu com seu filho e a maneira como o ajudou a ir ao encontro do seu objetivo. O filho caiu de uma escada e cortou os lábios. Ficou apavorado e chorando, foi quando Dr. Erickson o chamou e disse que aquilo doía muito e que tinha muito sangue. Disse ainda que a dor não passaria em um minuto. O filho concordava com suas afirmações sentindo-se compreendido com o acontecido. Dr. Erickson fez um acompanhamento verbal, falando sobre os pensamentos e medos do filho, conseguindo fazer com que o garoto entendesse o que havia acontecido e o que precisaria fazer para os cuidados. Além disso, tirou sua atenção do fato sugestionando que se lembrasse de acontecimentos parecidos ocorridos com os irmãos e de que forma foram resolvidos. O menino demonstrou muita curiosidade a respeito e neste momento estava totalmente preocupado em criar um objetivo de cura.

Seligman mostrou em seus estudos que crianças são felizes quando conseguem interpretar os resultados positivos e os desafios da vida de uma forma especial. Pressupõem que os resultados positivos podem ser continuados em outras situações e que eles podem ser uma evidência de que são bons. Em contrapartida, entendem que os resultados negativos são temporários e que afetam uma pequena área da vida, ou seja, estão relacionados àquela situação em especial. Seligman denomina este fenômeno de estilo explicativo otimista e quando as crianças demonstram estados depressivos é porque estão fazendo estas pressuposições de maneira oposta. Ou seja, entendem que coisas ruins acontecem sempre com elas pois são predestinadas a isso. Constata-se que os pais podem instalar um estilo explicativo otimista, mostrando que os problemas são temporários e situacionais. Para isso, podem mostrar a real situação, sem que induzam os filhos a fatos irreais ou uma visão irreal do ocorrido. Isso funciona como uma *ressignificação* em que os pais podem fazer uma transferência de poder, criando responsabilidade nos filhos.

Com as informações acima, entendemos que crianças ansiosas, preocupadas, frustradas, medrosas e infelizes encontram dificuldades em alcançar seus objetivos. Os pais por sua vez devem utilizar o *rapport* para reconhecer estas questões nos filhos. E, como vimos, uma boa maneira de estabelecer *rapport* é buscando semelhanças, colocando-se no lugar do outro, fazendo questionamentos que levem ao esclarecimento do problema e perguntas focadas em soluções. Desta forma cria-se um elo de confiança e segurança em que a criança se sente responsável pelos seus atos, criando autoconfiança.

Quando os pais se veem frustrados, com raiva, preocupados ou com medo, devem perceber e fazer mudanças internas, evitando se colocar culpa. E quando o problema não advém de assuntos relacionados a outros membros da família, o ideal é usar as próprias habilidades para gerar soluções, e quando o problema está diretamente relacionado a um filho, por exemplo, a situação deve ser resolvida com o próprio, utilizando habilidade verbal, buscando faze-lo entender o comportamento que gerou o problema, sem julgamentos. Fazendo-o entender o motivo do estado indesejado causado pelo comportamento que ele teve.

Agindo desta maneira em relação aos eventos (problemas) com os filhos, pode-se desfazer a ideia de mau comportamento e faze-los pensar em mudanças, pois tomam consciência do que estão fazendo e começam a imaginar as consequências que estes comportamentos podem trazer. A ideia é fazer com que o filho se sinta compreendido diante do ato que magoou, feriu ou irritou os pais.

Tendo todo comportamento uma intenção positiva, se entendermos o modo que a criança está fazendo para atingir este estado positivo fica mais fácil descobrir maneiras de ajuda-la. Com isso, podemos também atingir nosso objetivo sem imposição. Para que consiga estes resultados, converse com seu filho e deixe que ele faça todas a suas colocações e defina com ele as necessidades básicas de ambos. Aponte soluções que satisfaçam os dois e escolham as melhores opções, juntos. E definam, façam um planejamento das ações, a fim de chegarem nas melhores soluções. Este é o processo ganha-ganha. O que tem acontecido é que os pais se utilizam da sua autoridade para impor as mudanças nos filhos, somente preocupados em atingir as suas necessidades básicas. E os filhos podem se sentir oprimidos e sem escolhas.

Normalmente, nas discordâncias há um conflito de *valores* envolvido. **Valor** é tudo aquilo que é importante para cada um de nós. Exemplos de valores: Família, Saúde, Poder, Amor, Amizade, Segurança, Respeito, Compromisso, Liberdade, Conhecimento, Reconhecimento, Religiosidade, Lealdade – coisas assim. E cada um de nós tem uma *hierarquia* de valores, sendo um primordial, o segundo um pouco menos (mas ainda) importante, o terceiro, o quarto e assim sucessivamente.

O poder coercitivo não muda os valores do outro, pode, talvez, extinguir o comportamento momentaneamente. É interessante entender que no interesse em satisfazer nossos valores, o que buscamos é influenciar os valores da outra pessoa, mais do que apenas controlar seus comportamentos.

Devemos nos ocupar em identificar os valores que a criança partilha com os nossos e buscar a construção de outros valores, em cima dessa realidade. Por exemplo, uma criança que bate em outra na hora da brincadeira pode estar desejando que a outra brinque da maneira que ela considera "certa". Ao invés da punição, por que não auxilia-la em conseguir sucesso de outra maneira? Ela pode estar querendo valorizar sua identidade dentro do grupo.

Outro exemplo de conflito de valores é que para convencer um adolescente a não fumar, não adianta colocar seus próprios valores, tentando convencê-lo que num futuro próximo ele pode ter câncer de pulmão se Saúde não for tão importante para ele. Talvez seja mais interessante descobrir um valor importante para ele e trabalhar com ele, como por exemplo amizade, amor, companheirismo... você precisa encontrar um valor compartilhado.

Valor compartilhado foi citado no livro Ressignificando, na história que segue: um pai acaba de dizer à sua filha: "Se você não me ouvir e não voltar para casa até às 10 horas, eu vou te castigar durante uma semana!" Após verificar que esta mensagem não provoca uma reação muito boa da filha, Bandler e Grinder perguntam ao pai qual o valor que está por detrás de sua ordem.

Ele responde: "Bem, eu cuido dela. Não quero que ela fique por aí zanzando pela rua. As drogas estão aí. Eu a quero dentro de casa, sã e salva. Ela é a minha menina, eu quero ter certeza de que ela faz as experiências que precisa para crescer como eu quero que ela cresça." A menina explica seus **valores**: *"Mas esta é a minha vida!"*

Bandler e Grinder, então, apontam um valor que ambos partilham. "OK, Sam, ser independente faz parte da imagem que você tem do crescimento de sua filha? Você quer que ela seja uma mulher que conhece sua própria mente, que pode apoiar-se sobre seus próprios pés e tomar decisões por si mesma baseada na realidade do mundo? Ou você quer que ela seja empurrada para cá e para lá pelas opiniões de outros?"

Quando essas duas pessoas se derem conta de que partilham o valor da "independência", provavelmente encontrarão meios mais úteis de comportar-se. Em certo sentido, elas querem a mesma coisa, apenas seus métodos são diferentes. O pai pode agora mudar sua forma de discutir o assunto e a filha pode mudar seu padrão noturno. Eles podem, de fato, estar preparados para resolver o problema usando o método ganha-ganha.

Os filhos têm os pais como modelos, portanto se usarmos uma comunicação respeitosa, inclusiva, eles tenderão a copiar o comportamento. Por isso é comum vermos filhos desenvolvendo interesses e valores semelhantes aos dos pais sem que tenham sido impostos conscientemente. Quanto mais você gosta de alguém, quanto mais confia nesta pessoa, procura replicar seus padrões de comportamento e consequentemente, seus valores.

Toda relação cooperativa tem resultados participativos, e os pais passam a exercer grande influência sobre os filhos sem que aja coação. É o ganha-ganha e com isso os pais acabam sendo consultores de seus filhos sem controle explícito.

Pais e filhos precisam interagir não só quando há conflito, pois o risco disso que se crie "âncoras negativas", gerando um desconforto todas as vezes que precisam conversar. Celebre e converse com seus filhos, sem que haja conflitos a serem discutidos. Promovam conversas diárias para contarem como foi o dia, que tipo de problemas encontraram na escola, com amigos, e lembrem-se de perguntar o que de bom aconteceu no dia. A comunicação celebra bons momentos.

Pais têm a melhor das intenções na criação dos filhos. Planejam celebrar a vida e dividir o aprendizado, transformando suas crianças em adultos que criem relações de afeto e amor, com respeito e confiança. As crianças e adolescentes aprendem muito mais sobre estrutura de relacionamentos em seus primeiros 15 anos do que em qualquer outra época de suas vidas. Isso faz com que formem uma base para os relacionamentos futuros, sejam eles com seus parceiros, amigos e até mesmo como cidadãos.

Importante: até mesmo para elogiar é preciso método. Um filho que vai bem numa prova escolar e ouve um "Você **é** inteligente" pode tomar a mesma decisão de um que vai mal, e ouve um "Você **é** burro". Embora sejam sentenças diametralmente opostas, ambas podem levar a criança a decidir não estudar mais, afinal ela "é" inteligente (então não precisa), ou "é" burra (então não adianta).

O mais recomendado é elogiar (ou criticar) *o comportamento* e não a identidade; ou seja, o que a criança fez e não o que ela é. Algo como "Parabéns, filho. Você *se dedicou* aos estudos, *prestou atenção* na prova e se saiu muito bem. Bom trabalho!" Ou em situação contrária: "Filho, você não estudou o tanto que devia e não prestou atenção nas perguntas da prova, por isso não foi bem".

O foco do comentário deve estar sempre no comportamento, que está sendo moldado e pode ser modificado. Premissa da PNL: as pessoas não são os seus comportamentos.

RELACIONAMENTO PROFISSIONAL

Há 6 conceitos básicos no que diz respeito às pessoas, segundo Newstrom, J. W., no livro Comportamento Humano no Trabalho: diferenças individuais, percepção, totalidade da pessoa, comportamento motivado, desejo de envolvimento e valorização do indivíduo.

Uma pesquisa realizada pela Universidade de Harvard mostra que em média 70% dos problemas nas organizações se dá por falhas na comunicação, seja ela de forma direta ou indireta. Portanto, a comunicação é a melhor maneira de evitar e de gerir conflitos. Para isto, é necessário desenvolver a capacidade de entender e de respeitar opiniões divergentes.

Existem alguns pontos a serem trabalhados:

- **Diferenças Individuais**

As pessoas têm muito em comum, mas cada pessoa no mundo é individualmente diferente em milhões de aspectos. Essa diversidade precisa ser reconhecida e respeitada. Quando nascemos somos únicos e as experiências individuais após o nascimento tendem a nos diferenciarmos mais ainda uns dos outros.

Isto significa que dentro de uma organização as pessoas devem ser tratadas individualmente e as relações devem ser permeadas pelas semelhanças e diferenças entre as pessoas. Adiante apresentaremos alguns perfis psicológicos, suas diferenças e aptidões.

- **Percepção**

Cada um tem uma percepção do que vê. Mesmo quando o cenário é único, duas pessoas podem enxerga-lo de formas diferentes. Isso porque a mensagem passa pelo filtro de percepção ordenando o que cada um vê, organizando e dando a interpretação individual dos fatos. Os indivíduos se utilizam de estruturas baseadas em seus valores para criarem seus mapas.

As pessoas enxergam o universo do trabalho diferentes umas das outras, de acordo com sua personalidade, intenção, necessidades e experiências passadas, porém as ações são pautadas em cima da percepção de mundo de cada um, que reage de acordo com seus valores e expectativas. A tendência é darmos mais atenção e colocarmos foco naquilo que nos reforça. Chamamos isso de percepção seletiva, e para que possamos ter bons relacionamentos o ideal é que se observe o contexto como um todo. Entendamos que as pessoas são diferentes, pensam diferentemente mesmo tendo o mesmo objetivo.

- **Totalidade da Pessoa**

As empresas contratam a totalidade das pessoas, não só suas habilidades, características ou o seu cérebro. Podemos ser estudados separadamente mas fazemos parte de um sistema. As habilidades não existem separadas do conhecimento, nem do histórico dos indivíduos. A vida pessoal não é totalmente separada da vida profissional, assim como as condições emocionais não podem ser separadas das condições físicas. Somos unos e completos.

"AS PESSOAS SÃO CONTRATADAS pelas suas habilidades técnicas, mas são DEMITIDAS pelos SEUS COMPORTAMENTOS", disse Peter Drucker.

Nós, enquanto colaboradores, pertencemos também a outras organizações além do trabalho e desempenhamos vários papéis.

- **Comportamento Motivado**

A psicologia determina que o comportamento normal tem algumas causas, diz respeito às necessidades das pessoas ou as consequências de seus atos. As pessoas são motivadas pelo que desejam para si e não pelo o que o outro entende que elas queiram. A motivação é essencial para o desenvolvimento das relações no trabalho, pois com motivação pode-se criar empatia entre as pessoas em busca de um mesmo objetivo para a empresa e objetivos pessoais diferentes para cada um.

Importante motivar de acordo com o perfil psicológico de cada um. Há quem se motive em busca do prazer, há quem se motive para fugir da dor.

- **Desejo de Envolvimento**

O sentido de contribuição faz com que se crie envolvimento com o trabalho e com as pessoas. A participação nas tomadas de decisão, além de compartilhar conhecimento também proporciona que se aprenda com as experiências dos outros.

Somos seres gregários, e nós, humanos, temos necessidade de pertencer, desde sempre.

- **Valorização do Indivíduo**

As pessoas desejam ser tratadas com carinho, respeito e dignidade pela empresa e por seus pares dentro da empresa. Pessoas não são instrumentos econômicos e desejam ser avaliadas por suas capacidades e habilidades, contribuindo para o seu desenvolvimento e o desenvolvimento das pessoas a sua volta. E cada pessoa é única, em termos genéticos e comportamentais.

Se você ocupa cargo de gestão, é interessante saber que existem 3 tipos de pessoas:

- As boas de começar
- As boas de manter
- As boas de concluir

O primeiro tipo, as boas de começar, são geralmente cheias de ideias, gostam de inovação e se entediam rapidamente com projetos que "não andam". Por outro lado, tendem a não terminar o que começam porque na sequência já preferem começar outro projeto ou atividade.

As boas de manter têm dificuldade em começar algo "do nada" e produzem muito mais quando *mostram* a elas um projeto que já existe ou que sirva de modelo. São os executores, os "carregadores de piano" extremamente necessários para que os projetos andem.

As boas de concluir são muitas vezes tachadas de "chatas", porque são o tipo que mais facilmente encontra falhas e têm sugestões de melhorias. São ótimas para Controle de Qualidade.

Dá para imaginar o que acontece quando se coloca um tipo bom de concluir para iniciar um projeto... ou qualquer outro arranjo aleatório com os tipos.

Além desses, há outra importante subdivisão de tipos psicológicos entre *introvertidos* e *extrovertidos*. Não significa que as pessoas sejam definitivamente de um tipo ou o outro; pense numa escala de degradê em que cada tipo esteja num extremo e as pessoas se situam entre eles, uns mais para lá, outros mais para cá.

Obviamente, ambos os tipos são úteis e necessários nas organizações.

Antes de ler as descrições dos introvertidos e dos extrovertidos, como você se classifica? E por quê?

Características:

INTROVERTIDO

- Ouve mais
- Aprecia conversas de um para um
- Reflete antes de tomar decisões
- Autoconsciente
- Recarrega passando períodos sozinho
- Aprende pela observação
- Mais sociável com pessoas que conhece

EXTROVERTIDO

- Fala mais
- Sociável
- Toma decisões rapidamente
- Distrai-se facilmente
- Recarrega socializando
- Voltado para a ação
- Gosta de socializar

Evite esperar de um tipo comportamentos característicos de outro, e desenvolva a habilidade de proporcionar que cada pessoa se sinta confortável dentro do seu perfil. Pessoas satisfeitas produzem mais e melhor. Ganha-ganha.

No ambiente de trabalho as relações se estabelecem a partir de um objetivo comum em que se busca resultados com motivação, flexibilidade, comprometimento e realização pessoal. Cada ser é único, com sua subjetividade e dentro desta relação de mutualidade acontecem trocas humanas que influenciam no cotidiano, pois as relações, em sua maioria, são harmoniosas criando um círculo muito próximo entre as pessoas.

Alguns aspectos que se destacam nessas relações são: motivação, comunicação, solidariedade e amizade. A comunicação é fundamental na interação coletiva e com a comunicação cria-se a amizade que é a base para as relações interpessoais.

A amizade é caracterizada pela reciprocidade de sentimentos, tanto positivos quanto negativos, e de atitudes voltadas para o bem-estar e a felicidade do outro. No trabalho, as relações afetivas são de grande importância para formar um grupo colaborativo e que se "auto motive". Entender as estruturas psicológicas, os mapas e os valores do outro facilita o processo.

A Programação Neurolinguística é conhecida como a habilidade de desenvolver habilidades e é uma ferramenta eficiente no contexto organizacional. Ela oferece estratégias para o desenvolvimento da sensibilidade. A PNL pode trabalhar individualmente com os colaboradores ou em grupo, promovendo a capacidade de percepção, flexibilidade, empatia, cooperação e inteligência emocional. Com isto, as pessoas passam a aprender a modificar seu modelo de comunicação, promovendo um alicerce para o desenvolvimento pessoal dentro da organização. Uma outra forma de conseguir equilíbrio na interação é fazer a gestão do estado emocional.

Corpo e mente fazem parte do mesmo sistema e pela Programação Neurolinguística podemos mudar nosso estado através de nossa postura corporal. A psicóloga social Amy Cuddy, professora em Harvard, deu um "respaldo científico" a este pressuposto da PNL com um trabalho que ela chama de "poses de poder": ficar numa postura confiante, mesmo quando não nos sentimos confiantes pode afetar os níveis de testosterona e cortisol no corpo, e pode até ter um impacto nas nossas chances de sucesso. O vídeo de sua apresentação no TED passa de 20 milhões de visualizações. No YouTube há versões legendadas em português.

Em nossas sessões de psicoterapia ensinamos aos nossos clientes que o modo mais fácil de gerenciar estados emocionais é pela respiração. O cérebro humano aprendeu há alguns milhares de anos duas coisas importantes: quando respiramos rápido e curto, é porque estamos em perigo (real ou imaginário). São disparados os mecanismos naturais de luta ou fuga. Nas cavernas, lutar era atacar ou se defender de um inimigo ou de um predador. Fugir era fugir mesmo. No mundo corporativo, lutar é enfrentar, confrontar, arguir e fugir é "deixar para lá". Estes mecanismos envolvem disparo de cortisol e de adrenalina, aumento do batimento cardíaco, da pressão arterial, sudorese. Casos extremos ou recorrentes podem acarretar em doenças físicas ou psicológicas.

O contrário também está bem registrado em nosso sistema: quando respiramos lenta e profundamente, um aviso de que tudo está bem desliga os mecanismos internos de defesa e relaxamos. No tempo das cavernas, nossos ancestrais relaxavam em apenas três ocasiões: quando alimentados, quando seguros e quando dormiam.

Portanto, os comandos para entrar em alerta ou para relaxar funcionam em mão dupla. Quando pensamos que está tudo bem, o aviso vem de cima para baixo, do cérebro para o corpo. Quando respiramos lenta e profundamente de propósito, o aviso vai de baixo para cima, do corpo para o cérebro. Respirar é preciso.

No mundo corporativo nos deparamos com situações que fogem ao nosso controle pois lidamos com pessoas e com contingências inesperadas, e o que podemos fazer para controlar algumas destas situações é usarmos da Inteligência Emocional. Em 1983, o psicólogo do desenvolvimento americano Howard Gardner descreveu nove tipos de inteligência:

1. Naturalista (inteligência de natureza);

2. Musical (inteligência de som);

3. Lógico-matemática (inteligência de números e raciocínio);

4. Existencial (inteligência de vida);

5. Interpessoal (inteligência de pessoas);

6. Corporal-cinestésica (inteligência corporal);

7. Linguística (inteligência de palavras);

8. Intrapessoal (auto inteligência);

9. Espacial (inteligência de imagens).

Em 1995, o psicólogo PhD e professor de Harvard Daniel Goleman popularizou o termo Inteligência Emocional com a publicação de um livro de mesmo nome. Em sua obra, Goleman traz vários insights sobre o tema e um dos dados mais importantes, que transformou a visão sobre o conceito de inteligência, foi o fato dele afirmar que o **QI (quociente intelectual)** representa apenas 20% das aptidões necessárias para se tornar uma pessoa bem-sucedida. Os outros 80% são formados por diferentes fatores da Inteligência Emocional que, juntos, formam o que ele chama de **QE (quociente emocional)**.

Cinco são as competências necessárias para que se desenvolva ou se reforce o Quociente Emocional:

– Autoconhecimento:
Conhecimento sobre o que se sente, sobre os próprios impulsos e fraquezas. É a base para uma boa intuição e tomada de decisão, bem como uma "bússola moral". As emoções que ficam fora do limiar da consciência podem impactar poderosa e negativamente os comportamentos. "Conhece-te a ti mesmo..."

– Autorregulação:
Capacidade de escolher respostas e não reagir apenas por impulso, ou seja, cuidar das emoções de forma que não sejam prejudiciais para a pessoa ou para a situação. Essa autogestão é o que ajuda a sintonizar as vivências emocionais com o processo de aprendizagem, facilitando a recuperação das perturbações da vida, sem reprimir os sentimentos indesejados e incômodos, e saber adiar as satisfações quando necessário;

– Automotivação:
Capacidade de dirigir as emoções a serviço de um objetivo ou realização pessoal. Nas palavras de Goleman: *"As pessoas com altos níveis de esperança têm certos traços comuns, entre eles o poder de motivar-se, e sentir-se com recursos suficientes para encontrar meios de atingir os seus objetivos, ter flexibilidade bastante para encontrar meios diferentes de chegar às metas, e ter o senso de decompor uma tarefa formidável em outras menores, mais manejáveis"*;

– Empatia:
Capacidade de compreender e considerar os sentimentos de outros. Isso permite maior sintonia com o mundo; (Dica: em momentos de sofrimento do outro, evite dizer coisas como "Eu sei o que você está sentindo" porque... você não sabe. Prefira dizer algo como "Eu posso imaginar").

– Habilidades sociais ou de relacionamento:
Capacidade de relacionar-se melhor, comunicando-se de maneira clara e atenta às demandas e postura do outro. É colocar todos os elementos acima coordenados para facilitar os encontros sociais.

A PNL oferece estratégias e técnicas para gerenciamento das emoções como já vimos. Com o uso da educação emocional, podemos selecionar os estados desejados, cria-los na mente ou buscar na memória e vivencia-los em qualquer momento de necessidade, ou seja, somos capazes de criar estados emocionais positivos até mesmo em situações adversas.

Este controle emocional influi diretamente no sucesso na gestão de pessoas e de negócios e está diretamente ligado à qualidade de sua comunicação intra e interpessoal. A PNL te ajuda na habilidade de se comunicar. Para isso, é necessário entender o conceito de partes. Fisiologicamente, podemos ser divididos em cabeça, tronco e membros, além de outras inúmeras subdivisões. Psicologicamente falando, a PNL entende que somos formados por partes inconscientes, responsáveis pelos nossos comportamentos. Isto significa que desempenhamos papéis sociais contextuais. Por exemplo: uma alta executiva de uma empresa, durante uma importante reunião de trabalho está desempenhando o papel de profissional. Se recebe uma mensagem informando algo sobre seu filho, imediatamente a parte mãe determina o comportamento. E nossas diversas partes buscam o protagonismo todo o tempo. Negociar com nossas partes também envolve inteligência intrapessoal.

Como adquirir mais confiança em suas relações e negócios

Seis passos

1)   Identifique o problema.

2)   Estabeleça comunicação com a parte que é responsável pelo comportamento. Entre em sua mente e peça peça àquela parte que se comunique com você usando um sinal do qual terá conhecimento consciente. Diga algo como: A parte responsável por esse comportamento pode me dar um sinal agora? Ouça, observe e sinta por um sinal. Pode ser visual, auditivo ou cinestésico. A resposta pode não ser aquilo que pensa que deveria ser. Quando obtiver um sinal, agradeça a parte e pergunte se esse pode ser um sinal para sim. Você deveria obter o sinal novamente. Se não, continue a perguntar até que obtenha um sinal confiável que possa calibrar de forma consciente. Se não puder obter um sinal, continue assim mesmo – pressuponha um sinal, mas um que não seja suficiente para calibrar.

3)   Estabeleça a intenção positiva da parte e separe-a do comportamento indesejado. Pergunte à parte se está disposta a revelar sua intenção positiva. Se obtiver um sinal sim, deixe que essa intenção positiva se torne clara para você. Pode ser uma surpresa. O que a parte está tentando alcançar que tenha valor? Se obtiver uma intenção positiva negativa, por exemplo: não quero que sinta medo, segmente para cima até que seja expressa de forma positiva, por exemplo: quero que se sinta seguro. Separe a intenção positiva do comportamento. Você pode até detestar o comportamento, mas a intenção é o mais importante. Agradeça a parte por deixa-lo conhecer sua intenção positiva.

4)   Peça a sua parte criativa que gere novos meios de satisfazer a intenção positiva. Todos temos uma parte criativa cheia de recursos. Como todas as outras, essa parte é inconsciente, e é desafiador ser criativo sob comando. Interiorize-se e peça a sua parte criativa que apresente pelo menos 3 escolhas que satisfaçam a intenção positiva de uma forma diferente. Peça para que seja pelos menos tão boas quanto o comportamento original, se não melhores.

Peça a parte criativa que lhe avise quando tiver feito isso e agradeça. A parte criativa pode não avisá-lo dessas escolhas de forma consciente, e você não precisa conhece-las para que o processo funcione

5)   Obtenha a concordância da parte original de que ela usará uma ou mais dessas escolhas em vez do comportamento original. Essa é uma forma de fazer ponte ao futuro. Pergunte a ela diretamente se está disposta a usar as novas escolhas. Você deve obter um sinal de sim da parte original. Se não o fizer, poderá voltar ao passo quatro e gerar mais escolhas ou supor que a parte está disposta a aceitar as novas escolhas.

6)   Verifique a ecologia. Se tiver consciência dessas novas escolhas, imagine realizando-as no futuro. Veja-se fazendo as novas escolhas como se estivesse vendo um filme.

Parece correto?

Pergunte: alguma outra parte de mim se opõe a essas escolhas novas? Seja sensível para quaisquer novos sinais que possam indicar que essas escolhas não sejam ecológicas. Se obtiver um sinal, volte ao passo 4 e peça a parte criativa, que ofereça novas escolhas que satisfaçam a parte que se opõe e ainda assim respeitem a intenção positiva original.

7)   Verifique essas novas escolhas para ver se há objeções. Se houver, retorne ao passo 4.

RELACIONAMENTO CONJUGAL

Como manter um bom relacionamento? Esta é a pergunta que muitos fazem. Qualquer que seja a qualidade do seu relacionamento, ela pode sempre melhorar.

Aproximamo-nos dos nossos pares, ao contrário do dito popular: os opostos se atraem. Esta é uma máxima da física e apesar de sermos corpos formados de elétrons, nêutrons e prótons, temos algo a mais, além da física. Somos seres humanos, com sentimentos. Perceba que os casais que mais tempo ficam juntos se tornam muito parecidos um com o outro, têm os mesmos anseios, sonhos, pretensões, objetivos, gostos, etc. Casais que vivem em desarmonia têm seus valores e crenças que conflitam. Quando se está em uma relação é importante partilhar objetivos. E a maneira como um casal toma suas decisões revela muito o estilo da comunicação e flexibilidade.

O que você espera de um relacionamento? Tudo o que fazemos na vida é para atingirmos algum objetivo, mesmo que inconscientemente. Nossos objetivos estão baseados em obter prazer ou evitar a dor. Como assim? As pessoas dizem que em relacionamentos só buscamos o prazer: ser amado, construir uma família, viver em harmonia, ter equilíbrio... ou será que buscamos tudo isso para fugir da dor ou evita-la?

Por que este questionamento? Porque vimos pessoas em relacionamentos sem equilíbrio onde buscam evitar o sofrimento do medo de ficarem sozinhas, de não se sentirem amadas, pela cobrança de não terem uma família e, isso é evitação da dor. Como um relacionamento pautado nisso pode perdurar?

Entendemos que as pessoas aprendem a gostar umas das outras buscando afinidades e aprendendo a respeitar algumas diferenças. Quando dizemos que os semelhantes se atraem, até os semelhantes têm suas diferenças. Que sem graça seria se fosse tudo tão monótono?

Para que um relacionamento seja harmonioso é necessário que se perceba e entenda quais são estas diferenças. E saber o que fazer para minimizar os desgastes e respeitar as vontades e os anseios do parceiro quando isso não estiver dentro dos seus maiores valores. Cada um tem o desejo natural de realizar resultados individuais. O relacionamento saudável é também composto de realizações individuais – e de apoio mútuo. Quando o homem ou a mulher torcem pelo sucesso individual de um ou de outro, demonstra-se também o equilíbrio da relação.

Na PNL usamos a expressão *Posição Perceptiva* que inclui se colocar no lugar do outro, com seus sentimentos, crenças e valores. Entender como situações vividas seriam vistas por você, como seria sua reação diante de uma situação apresentada pelo outro.

São três as posições perceptivas:

Primeira posição:
Ver, ouvir e sentir a situação através dos seus próprios olhos, ouvidos e sensações como se você estivesse na situação agora. Você pensa em termos do que é importante para você, o que você quer alcançar. Geralmente, é a posição mais "fácil", por ser a posição em que mais nos colocamos no dia a dia.

Segunda posição:
"Calçar os sapatos" da outra pessoa e experimentar (ver, ouvir e sentir) a situação **como se** você fosse a outra pessoa. Você pensa em termos de como essa situação poderia parecer ou ser interpretada pela outra pessoa. Talvez você conheça a expressão: *"Antes de criticar alguém, caminhe um quilômetro nos sapatos dele."*

Terceira posição:
Afastado-se da situação e experimentando-a **como se** fosse um observador separado. Na sua mente, você é capaz de ver e ouvir você mesmo e a outra pessoa, **como se** você fosse uma terceira pessoa. Você pensa em termos de quais opiniões, observações ou conselhos ofereceria a alguém que não está envolvido. Você precisa estar num estado pleno de sólidos recursos e obter uma visão objetiva do seu próprio comportamento e procurar oportunidades para responder de uma maneira diferente para alcançar um resultado diferente e mais positivo.

Outros dois importantes termos na PNL são *Associação* e *Dissociação*. A primeira posição perceptiva é totalmente associada. Neste caso, a intensidade emocional é maior. A segunda e a terceira posições são dissociadas, provocam menor intensidade emocional.

Exercício: feche os olhos e pense em você andando de bicicleta. Pare a leitura por um instante e faça o exercício. Se você se vê na imagem, é uma lembrança dissociada. Se você tem a imagem das suas mãos, do guidão e do pneu da frente da bicicleta, é uma lembrança associada.

Dica: reserve um momento para lembrar e escrever seus piores momentos vividos, aqueles que causam desconforto ao serem lembrados. Depois, pratique dissociar-se das imagens mentais como se estivesse dirigindo um filme. Crie a nova cena, veja-se nela, repita, repita e repita até que crie uma nova memória. Você vai perceber que incomoda bem menos.

Agora, lembre e escreva seus grandes momentos. Vitórias, conquistas, dias positivamente inesquecíveis. Treine lembrar deles de forma associada. Capriche no exercício e prepare-se para termina-lo sentindo-se muito bem!

A nossa realidade está baseada em nossas experiências de vida que são únicas e individuais. Portanto, nenhuma visão está certa ou errada, é uma questão de interpretação baseadas em seus filtros de percepções. E pode-se enriquecer uma relação quando há a real preocupação em ampliar suas próprias percepções (como no exercício anterior).

Ninguém muda ninguém, cada um de nós sim podemos mudar nossas percepções e entender o funcionamento do outro. Nossas semelhanças nos aproximam, porém, até mesmo as diferenças criam oportunidades de aprendizados, uma vez que podem ampliar as percepções.

Segundo Anthony Robbins, a emoção mais partilhada é de ligação com outras almas. Os relacionamentos têm impacto sobre nossos valores. E ainda para Robbins, existem pontos valiosos para que um relacionamento seja bem-sucedido.

O primeiro e mais relevante ponto são os valores.

Você tem que conhecer os valores da outra pessoa e entender os seus próprios valores. Quando existirem valores muito conflitantes é necessário que se faça uma avaliação do quão prejudicial para o relacionamento é bater de frente com eles. Nossos valores mudam com o passar do tempo, dependendo do que vivemos e de que maneira entendemos estas mudanças em nossas vidas. Por vezes, temos um valor muito alto que acaba prejudicando mais do que trazendo benefícios. Por exemplo, imagine um relacionamento em que um dos dois tenha como valor muito alto Segurança e o outro Liberdade; conflitos irão acontecer. Ambos devem avaliar o quão prejudicial pode ser se nenhum dos dois ceder ou se não reformularem estes valores. E, como dito, nossos valores podem mudar naturalmente e se podem mudar por que não os realinharmos de tempos em tempos?

Segundo ponto é entrar em uma relação em que esteja disposto a se doar e também receber. A relação deve ser uma via de mão dupla sem que exista a necessidade de cobrar do outro. Quando damos, recebemos, quando cobramos afastamos. O terceiro ponto é ter um olhar afiado para resolver problemas imediatos sem que deixe rolar até se transformar em conflito que abalará a estrutura do relacionamento. Fazer com que o seu relacionamento seja um assunto prioritário em sua vida é um quarto ponto aceitável desde que não se anule em outras questões. E um quinto ponto que é melhorar a cada dia a fim de que o relacionamento seja duradouro.

Vai aqui uma dica de um exercício para que você faça junto com o seu parceiro a fim de que seus valores possam ser realinhados de forma a preservar a sua relação e fazer com ela seja bem-sucedida.

<u>*Valores*</u>

Faça duas listas:

Na primeira, relacione as sensações que gostaria de sentir e na outra, aquelas que você evita. Estas sensações podem ser consideradas seus "valores".

Devem ser sensações que você possa atingir sozinho, sem depender do outro, portanto cada um faça as suas duas listas separadamente.

Ou seja:

Valores <u>"em direção a"</u> podem ser: amor, confiança, sucesso, saúde, diversão...

Valores <u>"afastando-se de"</u> podem ser: raiva, insegurança, culpa, solidão...

Liste pelo menos 10 valores de cada.

- Depois das duas listas prontas, coloque os valores da primeira lista (em direção a) ao lado dos valores da segunda lista (afastando-se de); para cada valor da lista um, encontre um correspondente na lista dois, mas apenas um para cada valor.

Agora hierarquize a lista 1 por grau de importância correlacionando com a lista 2, ou seja, como se sente em relação a cada valor, a fim de que possa mudar com as sensações.

Com esta lista pronta, é hora de saber e entender o que têm feito para satisfazer seus valores e se está em conflito com os valores de seu companheiro. Juntos podem entender se é hora de trabalharem um pouco mais para que os valores de ambos estejam mais próximos. Lembrem-se que os pares se atraem e se têm alguns valores muito conflitantes, é hora de entenderem o que podem fazer para se aproximarem mais um do outro.

Conflitem as listas, vejam quais valores são iguais e quais podem ser aproximados para uma relação harmoniosa. Descoberto quais os valores podem ser atualizados, é hora de colocar em prática. Vocês não precisam ferir seus preceitos e sim trabalharem para a harmonia.

Apliquem o ganha-ganha!.

Perguntas para cada valor relacionado que pode ser atualizado

1) Em uma ficha pautada escreva o valor que entende que precisa desenvolver para uma relação mais saudável a fim de se aproximar mais do seu parceiro. Abaixo dele escreva os hábitos que não são mais adequados e que te afastam desse valor.

2) No verso, relacione os hábitos mais adequados/excelentes que pode desenvolver para alcançar este valor. Faça uma lista de coisas que pode fazer diariamente, para atingir este valor sem que seja incongruente com os seus valores principais

Este processo deve ser feito pelo casal e sugiro que cada valor a ser mudado/adequado, seja trabalhado por 21 dias consecutivos.

Por exemplo se estiver trabalhando o valor "reconhecimento", faça todas as ações anotadas na ficha, durante 21 dias seguidos. Lembrando de ler, todos os dias, as ações inadequadas que mantinha a fim de executar as novas ações anotadas e perceber as diferenças.

Curiosidade: a ideia dos 21 dias surgiu com uma publicação do Dr. Maxwell Maltz na década de 1950. Dr. Maltz era um cirurgião plástico e percebeu que pessoas que sofriam amputações ou cirurgias radicais no rosto levavam em torno de 21 dias para se acostumarem com suas novas autoimagens. Ele chegou à conclusão de que "estes, e muitos outros fenômenos comumente observados tendem a mostrar que se exige um mínimo de cerca de 21 dias para uma velha imagem mental ser substituída por uma nova". Estudos posteriores mostraram que levamos 21 dias *no mínimo* para adquirir um novo hábito. Ou seja, criar uma robusta e funcional memória celular daquele comportamento.

A comunicação entre o casal contribui para o sucesso da relação. Falar é melhor que calar e do que fazer *leitura mental* (expressão irônica utilizada pela PNL significando exatamente o contrário: é impossível ler mentes). Sem o hábito da conversa pode-se imaginar o que quiser.

Por mais que você julgue conhecer o seu parceiro, não tem como intuir seus reais desejos e necessidades, portanto, FALE. Diga o que quer, o que está sentindo.

Esperar que o seu companheiro vá preencher todas as suas necessidades é sonho e pode ser sufocante. Nenhuma pessoa tem este "poder". Obviamente, OUÇA também. Se seu cônjuge for introspectivo ou lacônico, PERGUNTE. Bom momento para praticar o *rapport*.

A confiança tem que ser um valor partilhado e o relacionamento pode ser duradouro se ambos contribuírem para o sucesso da relação. A relação fica fortificada quando existe o dar e o receber. Quando entendemos os ganhos e as perdas e o que podemos fazer para minimizar estas perdas.

A escolha em viver com uma pessoa tem a glória dos ganhos e também o peso das perdas. O que são ganhos dentro de uma relação? É o companheirismo, o somar, o aconchego de ter uma pessoa que ama ao seu lado, a constituição de uma família, ter um espaço com quem possa dividir a vida, ter uma pessoa para desabafar, ter um corpo quentinho para abraçar, poder beijar na boca a hora que quiser, ter sexo seguro e fazer as loucuras que quiser entre quatro paredes e muitas outras coisas.

Agora, quais são as perdas? Para se ter tudo isso que foi dito é necessário abrir mão de muita coisa: dividir a vida, o dinheiro, os problemas alheios, deixar de ir para baladas, de beijar qualquer boca e transar com qualquer pessoa, ser paciente e tolerante quando quer explodir, e muito mais. Toda escolha envolve renúncia. Decidir se relacionar com alguém não seria diferente em termos de ônus e de bônus. E quando as perdas produzirem danos minúsculos ou não interferirem na sua vida, a sua relação será próspera.

Falando em sucesso nas relações, a PNL utiliza a linguagem como ferramenta essencial para que isto aconteça. Como mencionado anteriormente, nossa linguagem se dá duas maneiras, verbal ou não verbal e representamos o mundo de formas distintas.

Um casal em sintonia significa que ambos conhecem o sistema representacional preferencial do outro, bem como seus valores e mapa de mundo – e respeita as diferenças.

Quando estamos apaixonados, a enorme descarga de oxitocina, "o neurotransmissor do amor", dopamina (prazer) e serotonina (bem-estar) faz com que "pensemos com o coração" e durante este período, nada ou quase nada no outro nos incomoda. Estudiosos dizem que a paixão dura de 12 a 24 meses, média de um ano. Depois disso ou acaba ou evolui para o amor.

E amar verdadeiramente envolve tudo o que foi discutido aqui e muito mais. A Programação Neurolinguística é frequentemente atacada com o argumento de que transformaria as pessoas em "robozinhos sem sentimentos". Não é verdade. O que a PNL proporciona é que lidemos melhor com nossas emoções e sentimentos, por isso dizemos que sofrer é opcional.

Richard Bandler, co-criador da PNL, se casou e se separou. Inclusive, no livro Tenha Agora A Vida Que Quer, ele diz que teve relacionamentos *que não sobreviveram até o fim do almoço*. Anthony Robbins, talvez a maior personificação do sucesso da PNL, também se casou e se separou.

Se a ideia de "robozinhos" fosse possível, eles poderiam ter reprogramados suas ex-esposas para agirem exatamente como eles quisessem. A PNL possibilita que façamos muito mais do que isso. Nos dá novos horizontes para que desenvolvamos um repertório comportamental que inclui manter ou encerrar relacionamentos de maneira suave e respeitosa.

Neste livro não nos propusemos a ensinar fórmulas milagrosas para relacionamentos perfeitos porque não sabemos se isto existe. O que sabemos que existe, e esperamos ter compartilhado o como, é a possibilidade de se relacionar com quem quer que seja tendo em mente o princípio do ganha-ganha. Como escrito no templo de Delfos, na Grécia, "Conhece-te a ti mesmo e conhecerás aos deuses e ao universo". Depois, dedique-se a conhecer o outro. Faça os ajustes necessários e vá viver esta fantástica aventura chamada relacionamento.

RELACIONAMENTO SOCIAL

Só existe amizade com rapport e respeito ao mapa do outro. Simples assim.

"Amigo é aquele que sabe tudo a seu respeito e, mesmo assim, ainda gosta de você". – Elbert Hubbard

NOSSA HISTÓRIA

Nos conhecemos no trabalho, no SBT – Sistema Brasileiro de Televisão. Eu (Rosana) produtora e ele (Castilho) repórter. Dentre as minhas atribuições, estava produzir um quadro que ele apresentava. Nosso contato diário passou a se estender para as noites, pois as gravações eram neste período.

Com isso, passamos a ficar muito tempo juntos. Conversávamos e fomos descobrindo nossas similaridades: gostos pelas mesmas coisas, como um simples prato de comida até o apreço pela língua portuguesa e sem nos darmos conta naquela época, pela linguística e a maneira como nossos comportamentos representavam a forma como pensávamos sobre a vida.

Eu sempre fui muito falante e, confesso que nesta época ele se colocou da mesma forma que eu, buscando fazer *rapport*, o que conscientemente não sabíamos o que era. Na verdade, o *rapport* é algo existente nas relações, até os animais para se acasalarem fazem a dança conforme a fêmea conduz. E quem disse que não somos animais?

Pois bem, nossa relação começou aí, com as semelhanças e as preferências. Eu desde sempre fui uma pessoa "visual" e ele "auditivo" e nos dávamos bem profissionalmente pois um completava o trabalho do outro. Nossa relação inicial era de trabalho. Lembra-se?

Eu havia saído de um relacionamento em que fora muito apaixonada, mas a recíproca não era verdadeira, então acabei encontrando semelhanças entre o Castilho, que na época era só Rogério, e o meu antigo affair.

Talvez na esperança de estabelecer o *rapport* e quem sabe iniciar uma relação além trabalho. Fomos nos unindo pelas semelhanças, apesar de termos pontos muito divergentes, como por exemplo: ele é introspectivo e eu extrovertida. Ele não via a hora de acabar a gravação para ficarmos juntos, só nos dois conversando e eu queria continuar na "balada" com a equipe e dançar até o dia nascer. O quadro que fazíamos no SBT, no Programa Em Nome do Amor, era um encontro entre casais que se conheciam no palco do programa. Pois é, proporcionávamos às pessoas inícios de relacionamentos e foi aí que o nosso começou.

Percebíamos pontos em comum. Parecíamos diferentes, mas gostávamos das mesmas coisas. Uma certa noite, conversando em um restaurante, pegamo-nos falando da língua portuguesa. Ora, como assim encontrar alguém que gosta de falar sobre construção de frases, utilização de pronomes, sujeito, predicados e a análise sintática? E hoje, entendemos que nossas vidas foram construídas por palavras, às vezes ditas, outras não. Aprendemos a nos ler nas nossas entrelinhas.

Certa noite, ao me deixar em casa, paramos no portão e continuamos o papo. Inesperadamente, ele me agarrou e me deu um beijo; eu retribuí, mas desci correndo do carro. Fiquei pensando como iria olhar para ele no dia seguinte. Todo aquele papo, as ideias em comum, e eu não sabia mais como agir.

Apesar de ser extrovertida, sociável, fiquei pensando como poderia conquistar alguém se agisse de forma contrária ao que estava recebendo.

Lembro-me que depois disso ficamos alguns dias meio afastados, na verdade, eu procurei olhar a situação de longe para entender o que estava acontecendo e se queria continuar com aquilo. Demonstrando um perfil de controle emocional, para talvez criar uma mudança duradoura. Aqui estou falando com uma linguagem *PNLista* mas na ocasião entendi apenas que precisava avaliar a situação. Enquanto ele, tenho certeza que não estava pensando tão profundamente, queria que eu retribuísse e tudo bem. Fiz agora uma leitura mental tardia. Diria que 27 anos depois.

Eu tinha convicções limitadoras em que não deveria me envolver com alguém do trabalho. Tinha 25 anos e sido criada para casar e constituir família. Aquela situação, por diversas razões, estava longe de ser o que "eu" programara para mim. Enfim, fiz uma construção de história pessoal baseada somente no que eu pensava.

O tempo foi passando e quando nos demos conta estávamos completamente envolvidos.

Eu e Castilho fomos nos conhecendo, nos reconhecendo e nos conectando. Michael Losier em seu livro "A Lei da Conexão" leva o leitor a um entendimento mostrando como se conectar com o outro, como gerar vínculo, como calibrar, entender pistar verbais e não verbais que o outro expressa, e depois de um tempo de relacionamento lendo este livro e outros tantos de PNL, ficou ainda mais claro como os comportamentos foram modelados com base na Programação Neurolinguística.

Isto não significa que exista uma fórmula, mas essa "fórmula" foi aplicada inconscientemente em nosso relacionamento e estamos juntos há 27 anos.

A todo momento fica mais claro e queremos mostrar a você que podemos moldar nossas vidas conhecendo e usando as ferramentas da PNL.

Teve um período em que mesmo namorando o Castilho eu ia para Ubatuba (litoral norte de São Paulo) quase todo final de semana com amigos e para ele tudo certo, pois sendo introvertido, preferia ficar em casa. Mostramos com este fato a pratica da flexibilidade em que um respeita o mundo do outro, mesmo dividindo a vida. E, para nós, este é melhor sentido da divisão, em que momentos juntos e separados são vividos, cada uma na sua medida.

Em 1997 combinamos uma viagem de carro de São Paulo até a Bahia. Eu já construí a viagem dos sonhos em minha cabeça. Nos primeiros 200 km, o Castilho parou o carro no acostamento e pediu que eu dirigisse porque estava com sono. Dirigi mais uns 200 km e chegamos no Rio de Janeiro já em final de tarde, então procuramos um hotel para passarmos a noite. Na manhã seguinte, ele propôs que ficássemos no Rio mesmo. Fiquei decepcionada? Sim, um pouco, mas ao invés de ficar brava ou de discutir, resolvi ressignificar a viagem e fazer daquele ambiente o traçado e desenhado nos planos iniciais.

Passamos uns 10 dias na Cidade Maravilhosa, longe das intervenções externas corriqueiras e diárias. Naqueles dias vivemos outra realidade e eu aprendi a conhece-lo um pouco mais. Percebi ali que viver uma vida juntos seria desafiador, pois apesar de termos muito em comum, somos diferentes em diversos aspectos.

Naquele tempo, nós conhecíamos pouco de PNL, de Inteligência Emocional, mas percebemos hoje que intuitivamente usamos muitas destas ferramentas para driblar os sentimentos ruins e entendermos que podemos continuar a nos conectar todos os dias.

Já estávamos trabalhando em outra emissora, agora a Record, nossos caminhos profissionais também seguiam um curso muito próximo, quando ele resolveu se mudar e eu confesso que naquele momento pensei que fossemos viver juntos na mesma casa. Eis que ele me comunicou que a mudança não significava que eu iria junto. Mais uma vez as ferramentas que eu não conhecia me ajudaram a ressignificar aquele momento e entender que cada coisa acontece no seu tempo e ao invés de discutir e argumentar, eu aceitei a colocação tirando proveito do espaço novo e do fato de que teríamos momentos deliciosos juntos nele. Fiz aqui o uso de técnicas específicas de PNL, e hoje sei disso. Usei mudanças de *submodalidades* alterando minha neuroquímica e ao invés de sofrer pelo fato que poderia ter causado uma decepção, me fiz entender que melhores situações estavam por vir e que a vida a dois é uma construção diária. Morar na mesma casa nem sempre é sinônimo de felicidade e cumplicidade.

Tivemos desavenças, desencontros e términos? Sim. Como todos os casais, mas de fato nossa conexão nunca foi rompida. E foi num período em que não estávamos juntos que eu saí da Record e fui trabalhar na TV Globo.

Desta vez, apesar de continuarmos na mesma área, não nos veríamos todos os dias, o que num ponto foi até bom pois o amor nunca acabou e talvez a convivência sem estarmos de fato juntos, pudesse ter causado o rompimento desta conexão tão forte que temos.

Novos caminhos, novos conhecimentos, novas pessoas. Passamos um tempo afastados e nem sabemos dizer quanto tempo foi. Nossa história foi sempre tão juntos que não conseguimos nos lembrar por quanto tempo isso durou.

Vivemos momentos de muita saudade do convívio, mas também aprendemos que a vida nos amadurece e foi nesta fase que descobrimos que seria para sempre, independentemente do tempo que demorasse para nos reencontrarmos.

Lembro-me que o Castilho insistiu para que fizesse um curso de PNL com ele, o Practitioner e eu entendi que naquele momento não deveria me reaproximar. Ele já sabia que nossas vidas poderiam mudar positivamente, mas eu ainda não havia recebido este chamado.

Certo dia, uma amiga querida me presentou com um curso. Uma imersão em um final de semana com práticas da PNL e foi aí que tudo se transformou. Depois deste curso, dentre outras coisas, percebi que não adiantaria deixar de viver nossa história. Ao menos que eu não quisesse de fato e buscasse ferramentas para fazer as mudanças nos meus comportamentos e para isto eu teria que querer mudar a maneira de pensar sobre a vida e a nossa história.

Depois desse meu curso e da formação do Castilho não consegui mais parar de me interessar pela PNL. Eu e o Castilho reatamos nosso contato e voltamos a nos relacionar.

Ele já com a formação em Master Practitioner e eu buscando conhecer mais sobre esta tecnologia. Resolvi então partir para as formações.

Fiz a primeira etapa que é o Practitioner e comecei a entender a estrutura mental dos meus comportamentos. Passei a perceber que tudo o que eu já tinha feito, as ações que tinha tomado em minha vida tinham explicações aos olhos da PNL e que se eu havia tomado boas decisões sem saber da existência da tecnologia, vislumbrei um novo caminho para mim, coisa que o Castilho já havia feito há algum tempo.

A partir daí nossa reconexão foi mais forte. Passamos a entender e respeitar a maneira como agíamos e como regíamos nossas vidas. Pudemos perceber que se um não entendia o outro em alguns pontos, com algumas técnicas poderíamos nos moldar para que o relacionamento fosse excelente.

Além de usar a PNL comigo mesma e no relacionamento amoroso, comecei a usar também com a minha equipe de colaboradores na TV Globo. Passei a adotar um sistema de gestão diferenciado, ensinando as pessoas a gerirem suas emoções, controlar seus impulsos e terem uma produtividade em que a cooperação estivesse acima de tudo. As pessoas passaram a se respeitar de uma maneira como antes não acontecia. Com técnicas de reestruturação de história pessoal, cada um da equipe conseguiu enxergar seu real papel dentro do sistema e a gestão de crise passou a ser coletiva.

Enquanto eu "brincava" o Castilho já estava se aprofundando na Hipnose e utilizando-a em atendimentos no consultório.

Então dei continuidade aos estudos fazendo o Master Practitioner e outros tantos cursos.

A PNL abriu horizontes e nos mostrou que se alguém poderia construir um império ou ter o seu próprio negócio, nós também poderíamos, bastava seguir os mesmos passos de um modelo: chamamos isso de *modelagem* na PNL.

Castilho explica:

MODELAGEM é o processo de se ter alguém como modelo e captar suas crenças, valores, micro estratégias e replica-las. Pressuposto da PNL: se alguém consegue fazer alguma coisa, você também consegue desde que faça as mesmas coisas. Crenças: tudo aquilo em que se acredita. Valores: tudo o que é importante na vida. Micro estratégia: o que se faz antes de se fazer alguma coisa.

Começamos aí nossa transição de carreira. Tanto eu quanto o Castilho queríamos a mesma coisa, e isso não era recente. Acreditamos que quando nos conhecemos nossos inconscientes já se conectaram de forma diferente.

Confesso que fui impulsionada por ele. Talvez se não tivesse o incentivo, a divisão, a cumplicidade do Castilho eu poderia estar no mundo corporativo até hoje, pois a minha antiga área de atuação é fascinante, rica em possibilidades, conhecimentos e relações. Trabalhar em TV não é tão glamoroso quanto quem está fora imagina, nem tão ruim como quem está dentro diz.

Ganhei muito lá, em vários sentidos, mas como já discutimos, sempre há perdas. Quando trabalhamos para alguém, temos obviamente que cumprir horários e executar tarefas muitas vezes desagradáveis. Em nosso próprio negócio temos muito mais liberdade e flexibilidade.

A PNL tem uma técnica muito útil para estes momentos de mudança:

Castilho explica:

ESTRATÉGIA DISNEY é um processo criado por Todd Epstein e Robert Dilts e resultado do que eles captaram de como Walt Disney fazia para colocar suas geniais ideias em prática. A estratégia é dividida em 3 etapas, realizadas pela mesma pessoa: Sonhador, Realista e Crítico. Na etapa **Sonhador**, *tudo é possível. É hora de deixar a imaginação solta e... sonhar. Na etapa* **Realista**, *planejamos meios de executar o que foi sonhado. E por fim, o* **Crítico***; procuramos falhas, pontos fracos e devolvemos o projeto para o Realista.*

Resolvemos então pela primeira vez depois de tantos anos, morar juntos. Inicialmente, a ideia (dele) era que cada um morasse em um apartamento na mesma rua ou no mesmo prédio. Esta situação para mim foi muito confusa.

Como fazer para entender um casamento em casas separadas?

Tive que utilizar algumas técnicas da PNL para levantar a clareza dos meus valores e buscar entendimento e congruência nesta situação.

Castilho explica:

PNL é focada no RESULTADO e recomenda que façamos "engenharia reversa", isto é, que partamos do final para o começo. Os elementos básicos são:

1) Determinar a situação desejada (o objetivo, onde se quer chegar).

2) Conhecer a situação atual (onde você está).

3) Planejar a estratégia (como chegar no ponto desejado).

4) Entrar em ação.

5) Fazer os ajustes necessários

Depois de fazermos um inventário de ganhos e perdas, conseguimos uma *averiguação ecológica* em que adaptamos nossos planos. Na PNL, Ecologia significa verificar se a decisão é congruente com seus valores ou se há conflito, a exploração das consequências de suas ações, quem será afetado e de que forma será.

Ao final deste processo optamos em morar no mesmo apartamento, mas cada um tendo o seu quarto, o seu banheiro, a sua individualidade. Decisão muito acertada!

Sugerimos para os casais que tiverem condições, experimentem. A gente acaba dormindo juntos. E, sabe aqueles dias que a gente não quer falar com ninguém, quer ficar no seu canto? A coisa mais deliciosa é ter o seu espaço, mesmo vivendo com outras pessoas.

Castilho explica:

ECOLOGIA em PNL nada tem a ver com plantar árvores (embora recomendemos!). É um processo de checagem interna sobre as possíveis consequências de nossas ações. Além de diversas partes, temos valores que podem ser conflitantes em determinado contexto. No caso, queríamos proximidade, intimidade, convivência e, ao mesmo tempo, privacidade e liberdade. Esta autoavaliação dá indícios fortes de como nos sentiremos após determinada decisão.

Com a mudança, apesar de nos conhecermos bem, entramos algumas vezes em atrito por conta de detalhes como por exemplo como decorar o apartamento. Da mudança de nossas casas individuais não quisemos levar quase nada, então precisávamos realmente comprar móveis e acessórios para montar o nosso lar. Eu aprendi muito a fazer hierarquia de valores com o Castilho, a definir o que realmente eu quero e o que eu preciso. Desta forma, sempre conseguimos chegar a um consenso.

Castilho explica:

HIERARQUIA DE VALORES é a estratégia de ranquear os dois tipos de valores que temos, os VALORES ATRAENTES e os VALORES REPELENTES. Como já foi citado, fazemos o que fazemos para buscar prazer e para evitar a dor. Nossos valores atraentes são os motivadores para que entremos em ação em direção a algo. Os repelentes são os que nos movem em posição contrária a eles. Daí a importância de conhecermos nossos valores. Você pode fazer isto agora.

ESCREVA o que é importante para você e O QUE CADA ÍTEM TE PROPORCIONA. Por exemplo, digamos que você tenha escrito Família. O que família te dá? Talvez amor, conexão, intimidade, companheirismo. Você pode ter escrito também Liberdade como um valor. O que liberdade te dá? Se as respostas forem menos intensas que as do item anterior, Família é mais importante que Liberdade para você.

O mesmo processo deve ser feito com os VALORES REPELENTES. Faça uma lista do que seja inconcebível para você. Solidão, pobreza, doenças, rejeição, fracasso etc. Coloque em ordem decrescente de importância e terá sua hierarquia de valores.

Você vai se conhecer melhor e entender por que tem determinados comportamentos que, aparentemente, contrariam o que você considerava importante.

Pessoalmente, tenho o valor Saúde nos primeiros lugares da lista e, ao mesmo tempo, tomo cerveja, vinho e adoro pudim (inclusive, acho que o único problema do pudim é aquele buraco no meio, onde caberia mais pudim!). Pode parecer incongruência, mas na minha lista Prazer está no alto também e Privação encabeça os itens de valores repelentes.

Ao mesmo tempo em que mudamos, o nosso negócio começou a crescer e enquanto o Castilho fazia atendimentos em consultório eu cuidava da parte burocrática da empresa. Não tínhamos uma sede ainda, então eu trabalhava em casa e ele ia para uma sala de atendimento locada por período. Passávamos o dia longe e eu ficava sozinha em casa. Imagina eu acostumada com uma equipe com mais de 100 colaboradores, com rotina estonteante, trabalhar de casa, sozinha? No início, foi muito complicado para mim. As dúvidas se eu havia feito a escolha certa apareciam toda hora e eu entrava em estados negativos.

A PNL sempre nos ajudou a ressignificar questões e até a voltar atrás em algumas decisões. É para isso que ela serve, ajudar nas mudanças comportamentais e na mudança de *mindset*, desde que elas estejam congruentes com seu propósito de vida. A cada situação dessas usava uma técnica para me recolocar no caminho. Sempre buscamos interromper nosso padrão de pensamento disfuncional e, um dos exercícios que utilizávamos e ainda utilizamos em caso de dúvidas é a *Integração de Partes*.

Castilho explica:

INTEGRAÇÃO DE PARTES, INTEGRAÇÃO DE POLARIDADES ou SQUASH VISUAL são diferentes nomenclaturas para a mesma estratégia. Como já dissemos, somos feitos de partes e cada uma delas quer ser prontamente atendida. Dormir mais 10 minutinhos ou levantar agora e tomar café calmamente? Comprar um carro ou fazer um tour pela Europa? Continuar com toda a estrutura de uma TV Globo ou montar o próprio negócio? Cada alternativa é proposta por uma parte e cada parte está ligada a algum valor.

Em A Estrutura da Magia Volume II, Bandler e Grinder ensinam a identificar as partes envolvidas no conflito, entrar em contato com elas convidando para que se manifestem uma em cada mão.

Mantendo-se em metaposição, levantar o que cada uma delas ganha se tiver a sua solicitação aceita num processo de chunking up.

Normalmente, o exercício chega ao mesmo valor. Fazendo um grande resumo do processo, a parte que "sugere" dormir mais 10 minutos quer prazer; a que prefere levantar a tomar café calmamente também quer prazer, apenas por outro caminho.

Lembre-se do pressuposto que diz que todo comportamento tem uma intenção positiva e a intenção estará necessariamente num nível mais elevados do que as questões que criaram o conflito.

Qual a intenção positiva em comprar um carro: conforto, segurança, economia, status? E um tour pela Europa: conhecimento, pertencimento, realização, status? OK, aqui eu "forcei" nas possibilidades para se chegar ao denominador comum, status. É só um exemplo. Se fosse realmente o caso, o conflito poderia ser sanado perguntando a cada parte de que outra maneira este valor poderia ser satisfeito.

O resultado nem sempre aparece imediatamente ao término da aplicação, mas quando praticado, se percebe que ele trabalha níveis profundos e as mudanças vão sendo ajustadas para que o seu direcionamento seja baseado nas escolhas inconscientes.

Para o Castilho, acredito que a adaptação tenha sido diferente, pois ele é mais introspectivo, gosta de ficar sozinho, trabalhar sozinho, assistir filme sozinho, se reconectar e se recarregar sozinho, enfim... e eu sou extrovertida, totalmente o oposto dele, me recarrego com pessoas, falando, rindo, me misturando.

Castilho *se explica:*

A ideia de um apartamento grande, com um quarto para cada um, foi em busca de satisfazer estas várias partes e valores envolvidos numa decisão tão importante.

Começamos então a procurar um lugar para montar nosso Instituto. Eu fiquei com a função de procurar, fazer a primeira seleção e o Castilho com a de escolher para que pudéssemos visitar o que de fato nos interessasse. Este processo aconteceu desde que resolvemos morar juntos. E, lógico que as opiniões divergiam, mas estamos sempre fazendo T.O.T.S.

O T.O.T.S. é uma ferramenta de utilização diária, pode e deve ser usada em tudo que se espera um resultado positivo. Na verdade, todos nós fazemos T.O.T.S. sem saber o que é. Afinal, a PNL não foi inventada, ela foi elaborada a partir de modelos de comportamentos humanos com excelência em suas áreas de atuação e sucesso pessoal.

Explicação gráfica do processo de T.O.T.S. (Em inglês, T.O.T.E.: Test, Operation, Test, Exit):

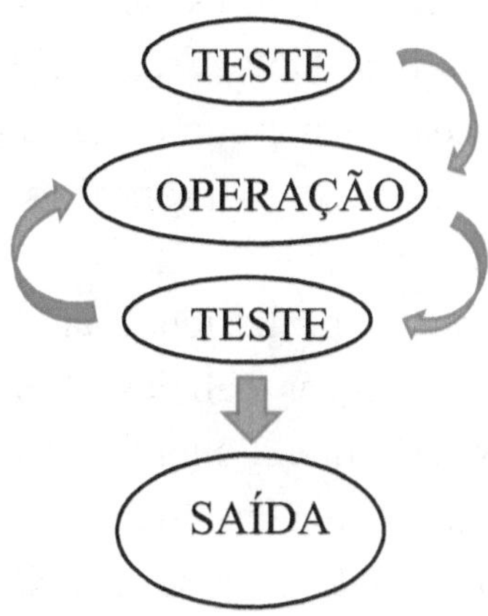

Castilho explica:

Exemplo de T.O.T.S. no dia a dia: como você sabe que precisa escovar os dentes? Você pode passar a língua e senti-los ásperos (Teste). Escova (Operação) e verifica se está bom (Teste). Se estiver satisfeito, termina a escovação (Saída). Se não estiver, escova mais um pouco (Operação).

Enfim, passamos por alguns lugares. Iniciamos locando uma sala de atendimento por hora, depois em período integral e por fim chegamos a ter 3 salas dentro de uma clínica, na Vila Mariana. Duas eram de atendimentos e uma era a parte administrativa, da qual eu fazia parte. E com muito planejamento continuamos a crescer até irmos para um local totalmente nosso.

Era uma casa de 2 andares em que tínhamos a parte administrativa no andar inferior, as salas de atendimentos no andar superior e também uma sala de treinamento.

Tivermos vários colaboradores, uns que são nossos amigos até hoje e outros nem tanto, mas a vida é cheia de idas e vindas, umas pessoas vêm e outras vão e as que vão é porque não vivem com os mesmos propósitos nem valores que os nossos – ou nós os deles.

Entre o crescimento profissional também tinha a diversão. Fizemos várias viagens deliciosas! Buenos Aires, Paris, Lisboa, Porto, Nova Iorque, Punta Cana, diversas ilhas na Tailândia e outros tantos lugares lindos aqui no Brasil, como Rio de Janeiro, Fernando de Noronha, Caldas Novas. Entendemos o nosso funcionamento. Eu nunca disse vamos para tal lugar e Castilho idem, mas sempre expressávamos nossas vontades em conversas e, na hora da escolha de nossas viagens, o bom senso e a vontade de ambos prevaleciam.

Somos pessoas que ficam felizes só em sabermos que vamos viajar, o lugar nem sempre importa. Estar ao lado de quem ama, compartilhando experiências nos traz conforto. A PNL nos ensinou a experimentar e tirar o máximo proveito de todas as experiências visuais, auditivas e cinestésicas.

Então, quando o lugar ou a situação que escolhemos não se apresenta muito boa ao vivenciá-la, fazemos ficar, criando experiências sensoriais de cada uma das vivências, seja no que vemos em cada local, nos sabores que sentimos, nos aromas ou nas sensações. A PNL nos deu essas habilidades e hoje, quando queremos nos lembrar dos lugares, usamos o canal representacional que melhor nos define e num fechar de olhos voltamos as experiências vividas.

Castilho explica:

Nossas viagens são planejadas, mas alguma surpresa também é interessante. Um dia, disse pra Rosana fazer a mala que iríamos viajar. E sugeri apenas para ela levar roupa de calor. No aeroporto, fiz check-in sozinho, na sala de embarque pedi que ela não olhasse para a placa informativa e coloquei fones de ouvido nela, com música alta. Embarcamos, decolamos e ela não sabia para onde estava indo. Relaxamos e quase chegando, o piloto avisou que pousaríamos em Goiânia em alguns minutos. Fim da surpresa? Não, era apenas a primeira parte da viagem. De lá, pegamos um carro até Caldas Novas e suas piscinas de água quente.

Vivemos muitas coisas nestes anos e eu diria que o nosso maior desafio, e meu até hoje, é "falar a língua do outro". Sabe quando você vai para outro país e não sabe falar muito bem o idioma? Pois é, este exercício é diário. Na PNL, como vimos acima, temos nossos sistemas representacionais e cada pessoa predomina em um deles. Isto não significa que "somos" visuais, verbais ou cinestésicos e sim que transitamos por eles, mas temos um sistema preferencial. E se na comunicação, que também é tema deste livro, você conseguir se comunicar com o outro da maneira que ele prefere, sua relação, seja ela qual for, tende a ser mais saudável, mais amigável, mais tranquila.

Meu sistema representacional preferencial é o visual e o do Castilho, auditivo. Isto significa que eu preciso ver as coisas, ele precisa me mostrar os sentimentos, tudo o que vai contar tem que me mostrar em fotos, em vídeos, enfim... e eu deveria fazer esta comunicação com ele da forma que ele prefere, que é falando, mas por vezes eu uso o meu sistema preferencial e mostro tudo o que eu quero contar. Confessamos que neste ponto, mesmo depois de tantos anos ainda temos uns "curtos-circuitos".

Castilho reclama:

Eu tinha um computador touch e muitas vezes ia mostrar algo pra Rosana e ela tinha uma necessidade incontrolável de tocar na imagem. Resultado? A tela mudava...

Este comportamento pode levar a entender que seria mais para o cinestésico, mas entenda: ela não tocava para sentir a imagem, mas para especificar um ponto a ser olhado. Normalmente, o toque vinha com a instrução "Aqui, ó!".

Devido ao nosso constante crescimento, resolvemos mudar a nossa sede e fomos para uma casa um pouco maior e com mais conforto. Nossos alunos sempre irão se lembrar dos cursos e dos pós cursos na sede do Instituto, pois sempre era uma festa com música, churrasco e gente na piscina. Fizemos grandes amigos nesta jornada!

Castilho explica:

Procuramos uma imobiliária e apresentamos nossa demanda, um imóvel com tais especificações. Um dia, o corretor disse que havia 3 opções para visitar. Cruzamos uma movimentada avenida e 100 metros depois, uma grande surpresa. Uma ruazinha arborizada, tranquila, que tinha o silêncio quebrado apenas pelo canto de passarinhos. No meio dela, ele apontou despretensiosamente uma casa que estava negociando. Gostei da casa. Pedi que ele parasse, para eu ver. Ele assentiu, me alertando que o imóvel estava "praticamente negociado".

Eu realmente gostei da casa. Comecei a fazer o que a PNL chama de PONTE AO FUTURO (o resultado). Visualizei a recepção, a sala de aula no térreo, as salas de atendimento e passei para outra prática, fiz o ENSAIO MENTAL (o processo) gesticulando como se medisse com as mãos onde seria a minha mesa, as poltronas de relaxamento, a estante de livros.

O corretor alertava que o negócio estava praticamente fechado com alguém e eu ignorava a informação.

Decidi que seria ali a nova sede do Instituto Rogério Castilho de Hipnose & PNL.

Sequer fui ver as opções iniciais dele e em pouco tempo estávamos instalados lá, onde ficamos por anos e anos.

Castilho e eu sempre planejamos morar em uma cidade de praia. No início, pensávamos em passar nossa "melhor idade" à beira mar. E, por circunstâncias, resolvemos antecipar a nossa mudança, em busca de qualidade de vida. São Paulo é um mundo, tem de tudo a toda hora, mas também é uma selva insana, cheia de estresse, de correria, uma cidade com custo de vida alto, então decidimos por Fortaleza.

Esta mudança para a capital do Ceará se deu muito parecida com a minha mudança para São Paulo quando voltei do Rio. O Castilho sabia que eu também compartilhava dessa ideia, ele faz tudo pensadamente, porém rápido para o meu *mapa* e eu embarquei, mas confesso que faria tudo com mais calma.

Castilho explica:

Estamos aqui desde janeiro de 2019. Sabe por que deu certo? Porque houve convergência de valores, aliado a planejamento e coragem.

Foi uma mudança radical, para um lugar paradisíaco e ao mesmo tempo socialmente inóspito. Não temos parentes aqui e bem poucos amigos.

Pelo meu perfil introspectivo, tudo bem. Rosana "sofre" bem mais, e viva a tecnologia com chamadas em vídeo individuais ou com a turma de amigos de São Paulo e do Rio.

Um passo deste tamanho não teria sido possível sem a PNL. Estratégia Disney, Boa Formulação de Objetivos, Ponte ao Futuro, Hierarquia de Valores, Rapport, Ecologia, Ensaio Mental, T.O.T.S., Âncoras, Submodalidades, Integração de Partes, Modelagem, tudo isso foi utilizado.

Este não é um livro sobre mudança de cidade, de estado, de vida. É um livro sobre relacionamentos. No nosso caso, que temos asas e não raízes, as estratégias funcionaram bem. Se você que nos lê tem valores bem diferentes, tenha a certeza de que funciona para você também. Tudo que precisa é definir seu objetivo primeiro, encontrar alguém com valores semelhantes e fazer o que precisa ser feito.

Você pode começar a implementar mudanças significativas na sua vida aí mesmo onde está, seja na sua casa, seja no seu trabalho. A melhora nos seus relacionamentos vai provocar estas mudanças.

Comece se relacionando melhor com você mesmo e perceba que naturalmente seus novos comportamentos te levarão a relacionamentos de qualidade.

Nós achamos que você merece!

Referências:

- ARAÚJO, D. G. B. de. Entendendo a comunicação, 2006

- BANDLER, L. LEBEAU, M. O refém emocional: resgate sua vida afetiva. [Tradução de Heloísa Martins-Costa]. - São Paulo: Summus, 1993.

- BANDLER, R. A Hora de Mudar. Tradução de Luiz Carlos Mendes Dias – Rio de Janeiro: Rocco, 2003.

- BANDLER, R. MaCDONALD, W. As Insider's Guide To Sub-Modalities, Meta Publications, 1988

- BANDLER, Richard. Tenha Agora a Vida Que Quer. [Tradução de Fabricio Próprio] Lisboa: Lua de Papel, 2009.

- BERLO, D. K. O processo de comunicação: introdução à teoria e à prática. São Paulo: Martins Fontes, 2003.

- BOLSTAD, E. HAMLETT, M. Vivendo com Crianças de Maneira Cooperativa 1ª Parte. www.golfinho.com.br, 2003. Disponível em: [https://golfinho.com.br/artigo/vivendo-com-criancas-de-maneira-cooperativa.htm]. Acesso em: 07 de abril de 2021.

- CARTER, B. et al. As Mudanças no Ciclo de Vida Familiar: Uma Estrutura para a Terapia Familiar: 2 Ed. Editora Artemed, 1995.

- CUDDY, Amy. Sua linguagem corporal molda quem você é. Disponível em [https://www.youtube.com/watch?v=Ks-_Mh1QhMc&t=532s]. Acesso em: 07 de abril de 2021.

- DILTS, Robert. Enfrentando a Audiência. Summus Editorial, 1994.

- DWECK, C. Mindset: A nova psicologia do sucesso. Rio de Janeiro: Objetiva,

- GARDNER, H. Inteligências Múltiplas: A Teoria na Prática. 1ª Ed. Editora Penso, 1995

- GOLEMAN, D. Inteligência Emocional. Tradução: Marcos Santarrita. – Rio de Janeiro. Objetiva, 2011.

- GRINDER, J. e BANDLER, R. The Structure of Magic II: A Book About Communication & Change. Science and Behavior Books, Inc. palo Alto, California 94306.

- HUBBARD, E. Note Book of Elbert Hubbard – Página 112, - Kessinger Publishing, 1998.

- LOSIER, M. A Lei da Conexão. Ediouro, 2010.

- McLUHAN, Marshall. Os meios de Comunicação Como Extensão do Homem. Cultrix, 1969.

- MIRANDA, Sérgio. A eficácia a comunicação. Rio de janeiro: Qualitymark, Ed;. 1999.

- NEWSTROM, J. Comportamento Organizacional-: O Comportamento Humano no Trabalho. AMGH Editora, 2008. Disponível em:
[https://books.google.com.br/books?hl=pt-BR&lr=&id=PYOaAgAAQBAJ&oi=fnd&pg=PR4&dq=rela

cionamento+no+trabalho&ots=rP69VRwnHS&sig=aU8HdZ
usF2cNzJjFnJ7d6uZEwPo#v=onepage&q=relacionamento%
20no%20trabalho&f=false.]. Acesso em: 07 de abril de 2021.

- PINTO, Ênio. Formação e Personalidade: conceitos e
orientações. www.eniobrito.com.br, 2019. Disponível em:
[http://www.eniobritopinto.com.br/2019/01/28/2009-
formacao-e-personalidade-conceitos-e-orientacoes/]. Acesso
em: 07 de abril de 2021.

- ROBBINS, A. Desperte o Gigante Interior: Como usar o
Condicionamento Neuroassociativo para criar mudanças
definitivas. Tradução de Aroldo Neto e A.B. Pinheiro de
Lemos -15ª Ed - Rio de Janeiro. Editora Record, 2004.
2017.

-WAGNER, Luciane Raquel et al. Relações interpessoais no
trabalho: percepção de técnicos e auxiliares de
enfermagem. Cogitare Enfermagem, v. 14, n. 1, p. 107-113,
2009.

Estudos científicos sobre PNL:

<u>(Neuro-Linguistic Programming) NLP Research & Recognition Project (Ongoing)</u>
http://nlprandr.org/?page_id=749

RTM (Reconsolidation of Traumatic Memories) Process (Handouts):
http://www.rtmprocess.com/downloads/files/RTM%20Handouts.pdf

Remediation of intrusive symptoms of PTSD in fewer than five sessions: a 30- person pre-pilot study of the RTM Protocol - Richard M. Gray and Frank Bourke
http://jmvfh.utpjournals.press/doi/pdf/10.3138/jmvfh.2996

NLP and PTSD: The Visual-Kinesthetic Dissociation Protocol
www.rickgraynlp.com/pdf/VKD.doc

BOOK: The Clinical Effectiveness of Neurolinguistic Programming: A Critical Appraisal.
Edited by Lisa Wake, Richard Gray, Frank Bourke

PTSD: Extinction, Reconsolidation, and the Visual-Kinesthetic Dissociation Protocol

http://tmt.sagepub.com/search/results?fulltext=nlp&x=0&y=0&submit=yes&journal_set=sptmt&src=selected&andorexactfulltext=and

http://jevondangeli.com/wp-content/uploads/2013/10/NLP_VKD_-PTSD_research.pdf

Promising PTSD Treatment Approaches: A Systematic Clinical Demonstration of Promising PTSD Treatment Approaches

https://www.researchgate.net/publication/242216603_Running_head_Promising_PTSD_Treatment_Approaches_A_Systematic_Clinical_Demonstration_of_Promising_PTSD_Treatment_Approaches

A Review of Visual/Kinesthetic Disassociation in the Treatment of Posttraumatic Disorders: Theory, Efficacy and Practice Recommendations – Anne M. Dietrich

Traumatology, June 2000; vol. 6, 2: pp. 85-107. University of British Columbia Vancouver, BC, Canada In this article, the literature on the Neurolinguistic Programming (NLP) technique of Visual/Kinesthetic Disassociation (V/KD) is reviewed in relation to the treatment of Posttraumatic sequelae...

The Power Therapies: A proposed mechanism for their action and suggestions for future empirical validation – Michael Lamport Commons Departmentof Psychiatry Harvard Medical School. Volume VI, Issue 2, Article 5 (August, 2000)

http://www.dareassociation.org/Papers/Power%20Therapies. Traumatology%20article.pdf

REFERENCES for treatment of **Trauma** https://www.google.com/url?sa=t&rct=j&q=&esrc=s&source =web&cd=4&ved=0ahUKEwiQv_Lrpf7PAhURy2MKHVJo DOYQFggkMAM&url=http%3A%2F%2Fdisaster.efpa.eu% 2Fddl.php%2Fb419c97fe788d610ccc6754afb73b907%2F%3 Fdkey%3Db419c97fe788d610ccc6754afb73b907&usg=AFQ jCNF-EqvwjF26sRQNxrzQbBucNLNFIA&sig2=3pRdiCTv1PBB GX75h54mHg&bvm=bv.136811127,d.eWE&cad=rja

EVIDENCE-BASED NEURO LINGUISTIC PSYCHOTHERAPY: A META-ANALYSIS – Cătălin Zaharia, Melita Reiner & Peter Schütz http://www.hdbp.org/psychiatria_danubina/pdf/dnb_vol27_no4/dnb_vol27_no4_355.pdf

NHS: Research Into NLP

https://www.networks.nhs.uk/nhs-networks/nlp-in-healthcare/current-research-into-nlp

Research On NLP: A Student's Search – Very Thorough!

http://academianlp.org/wp-content/uploads/2015/03/RESEARCH-ON-NLP.pdf

NLP Research Database

http://www.nlp.de/cgi-bin/research/nlp-rdb.cgi

EANLPT: Research on NLP / NLPt

http://www.eanlpt.org/Research

Research on Basic NLP Presuppositions and Interventions

https://eanlpt.org/Portals/13/documents/NLPJournalSupport1a.pdf?ver=2016-04-11-234430-883&ver=2016-04-11-234430-883

Association of NLP (ANLP – European)

http://www.anlp.org/nlp-research-papers

Current Research in NLP: Volume 1

http://www.anlp.org/files/current-research-in-nlp-volume-1_15_76.pdf

Current Research in NLP: Volume 2

http://www.anlp.org/files/current-research-in-nlp-volume-2_15_194.pdf

See NLP and PTSD: The Visual-Kinesthetic Dissociation Protocol

http://www.anlp.org/files/nlp-and-ptsd-the-visual-kinesthetic-dissociationprotocol_6_331.pdf

Current Research in NLP: Volume 3

http://www.anlp.org/files/current-research-in-nlp-volume-3_15_345.pdf

Acuity – Published by ANLP

http://www.anlp.org/files/acuity-volume-4-2013_15_344.pdf#page=67

A review for Psychological Therapy Clinicians

A critical review of NLP as an effective treatment choice of psychotherapeutic change in individuals with depression or anxiety. Lisa Wake http://www.anlp.org/files/a-critical-review-of-nlp-as-an-effective-for-individuals-withdepression-or-anxiety-lisa-wake_6_176.pdf

Pilot study using Neurolinguistic Programming (NLP) in post-combat PTSD

http://www.emeraldinsight.com/doi/abs/10.1108/MHRJ-08-2014-0026

Lisa Wake (Psychotherapist, based at Awaken Consulting & Training Services Ltd, Northallerton, UK). Margaret Leighton (Science Writer, based at, Cambridge, UK) Lisa Wake, Margaret Leighton, (2014) "Pilot study using Neurolinguistic Programming (NLP) in post-combat PTSD", Mental Health Review Journal, Vol. 19 Iss: 4, pp.251 – 264

Robert Dilts on Research & NLP – Systemic Encyclopedia of NLP & New Code

http://nlpuniversitypress.com/html3/R56.html 35

Years of Research Revisited – Gray

http://nlpwiki.org/35-years-revisited-3

NLP Wiki

http://nlpwiki.org/wiki

Andreas on Research

http://realpeoplepress.com/blog/research-in-nlp-
neurolinguistic-programming-science-evidence

Richard Bolstad on NLP Research

http://www.transformations.net.nz/trancescript/research-on-
nlp.html

Inspiritive

http://www.inspiritive.com.au/nlp-research/database.htm

Stever Robbins on NLP & Research

http://www.steverrobbins.com/nlpschedule/random/research-
summary.html

NCBI review of "research" literature:

https://www.ncbi.nlm.nih.gov/pmc/articles/PMC3481516/

10 studies were identified meeting the inclusion criteria:

https://www.ncbi.nlm.nih.gov/pmc/articles/PMC3481516/tab
le/tbl1/

Research and NLP (prepared by Ulf Sandstrom)
http://ulfsandstrom.se/research-and-nlp-2/

Does NLP Work? A Scientific Study (1) – This scientific study is presented as excerpts (with permission) from: The Effectiveness of NLP: Interrupted time series analysis of single subject data for one session of NLP coaching. Jaap Hollander, and Oliver Malinowski, Institute for Eclectic Psychology, Nijmegen, The Netherlands
http://www.nlpcoaching.com/does-nlp-really-work/

Does NLP Work? A Scientific Study (Study 2)
http://www.nlpcoaching.com/does-nlp-really-work-2/

<u>Miscellaneous Research Collection/Resources</u>
Comparison between REBT and Visual/Kinaesthetic Dissociation in the Treatment of Panic Disorder: An Empirical Study. Simon D. R. Simpson – Windy Dryden
https://research.gold.ac.uk/5835/1/REBT_sep11.pdf

Treating Traumatic Memories in Rwanda With the Rewind Technique: Two-Week FollowUp After a Single Group Session – Aimee Josephine Utuza, Stephen Joseph & David Muss
http://www.nlpnl.eu/nouveau_site/images/biblio/Muss%20%20ARTICLE%20IN%20TRAUMATOLOGY.pdf

The Effectiveness of a Training Program using Neuro-Linguistic Programming (NLP) to Reduce Test Anxiety in Consideration of Biological Feedback http://scidoc.org/articlepdfs/IJBRP/IJBRP-2332-3000-04-101.pdf **Neurolinguistic programming training, trait anxiety, and locus of control.** Psychol Rep. 1992 Jun;70(3 Pt 1):819-32.

PDF: http://prx.sagepub.com/content/70/3/819.long

https://www.ncbi.nlm.nih.gov/pubmed/1620774

Konefal J1, Duncan RC, Reese MA. **Author information**

Abstract: Training in the neurolinguistic programming techniques of shifting perceptual position, visual-kinesthetic dissociation, timelines, and change-history, all based on experiential cognitive processing of remembered events, leads to an increased awareness of behavioral contingencies and a more sensitive recognition of environmental cues which could serve to lower trait anxiety and increase the sense of internal control. This study reports on within-person and between-group changes in trait anxiety and locus of control as measured on the Spielberger State-Trait Anxiety Inventory and Wallston, Wallston, and DeVallis' Multiple Health Locus of Control immediately following a 21-day residential training in neurolinguistic programming. Significant with-in-person decreases in trait-anxiety scores and increases in internal locus of control scores were observed as predicted. Chance and powerful other locus 5 of control scores were unchanged. Significant differences were noted on trait anxiety and locus of control scores between European and U.S. participants, although change scores were similar for the two groups. These findings are consistent with the hypothesis that this training may lower trait-anxiety scores and increase internal locus of control scores. A matched control group was not available, and follow-up was unfortunately not possible.

DOI:

https://journals.sagepub.com/doi/10.2466/pr0.1992.70.3.819

[PubMed - indexed for MEDLINE]

Social anxiety and training in neurolinguistic programming.

http://prx.sagepub.com/content/83/3/1115.full.pdf+html

PDF

Konefal J1, Duncan RC. **Author information** Psychol Rep. 1998 Dec;83(3 Pt 1):1115-22.

Abstract The Liebowitz Social Phobia Scale measured the effect of training on social anxiety responses of 28 adults prior to and following a 21-day residential training, and at 6 mo. follow-up. Significant reductions posttraining and at follow-up were evident in the mean self-reported global scale

scores on fear and avoidance behavior in social situations. The item scores, aggregated to reflect the situational domains of formal and informal speaking, being observed by others, and assertion, showed significant and continuing reduction from posttraining through follow-up. These findings are consistent with the hypothesis that this training may be associated with reduced responses to social anxiety, but as there was no formal control group, pretest scores from another study were used. Interpretation is limited.
PMID: 9923190 DOI: 10.2466/pr0.1998.83.3.1115 [PubMed - indexed for MEDLINE]

Neurolinguistic Programming: A Systematic Approach to Change. A.M. Steinbach
https://www.ncbi.nlm.nih.gov/pmc/articles/PMC2153995/pdf/canfamphys00215- 0149.pdf

Eye movement as an indicator of sensory components in thought.
By Buckner, Michael; Meara, Naomi M.; Reese, Edward J.; Reese, Maryann Journal of Counseling Psychology, Vol 34(3), Jul 1987, 283-287.
http://psycnet.apa.org/index.cfm?fa=buy.optionToBuy&id=1 987-30576-001

Abstract

This study investigated a claim of the Neuro-Linguistic Programming (NLP) eye movement model, which states that specific eye movements are indicative of specific sensory components in thought. Forty-eight graduates and undergraduates were asked to concentrate on a single thought while their eye movements were videotaped. They were subsequently asked to report if their thoughts contained visual, auditory, or kinesthetic components. Two NLP-trained observers independently viewed silent videotapes of participants concentrating and recorded the presence or absence of eye movements posited by NLP theorists to indicate visual, auditory, or kinesthetic components in thought. Coefficients of agreement (Cohen's K) between participants' self-reports and trained observers' records indicate support for the visual ($K = .81$, $p < .001$) and auditory ($K = .65$, $p < .001$) portions of the model. The kinesthetic ($K = -.15$, $p < .85$) portion was not supported. Interrater agreement ($K = .82$) supports the 6 NLP claim that specific eye movement patterns exist and that trained observers can reliably identify them. (PsycINFO Database Record (c) 2016 APA, all rights reserved)

Buckner M, Mera N M: Eye movement as an indicator of sensory components in thought.

Journal of Counseling Psychology 34(3): 283-287,
1987.Abstract: This study investigated a claim of the Neuro-
Linguistic Programming (NLP) eye movement model, which
states that specific eye movements are indicative of specific
sensory components in thought. Forty-eight graduates and
undergraduates were asked to concentrate on a single thought
while their eye movements are videotaped. They were
subsequently asked to report if their thought contained visual,
auditory, or kinesthetic components. Two NLP-trained
observers independently viewed silent videotapes of
participants concentrating and recorded the presence or
absence of eye movements posited by NLP theorists to
indicate visual, auditory, or kinesthetic components in
thought. Coefficients of agreement (Cohen's K) between
participants' selfreports and trained observers' records
indicate support for the visual ($K=.81$, $p< .001$) and auditory
($K = .65$, $p < .001$) portions of the model. The kinesthetic ($K
= - .15$, $p < .85$) portion was not supported. Interrater
agreement ($K = .82$) supports the NLP claim that specific eye
movement patterns exist and that trained observers can
reliably identify them.

Related:

The effect of gaze direction on the different components of visuo-spatial short-term memory

Article (PDF Available) in Laterality · June 2015

Abstract

Cerebral asymmetries and cortical regions associated with the upper and lower visual field were investigated using shifts of gaze. Earlier research suggests that gaze shifts to the left or right increase activation of specific areas of the contralateral hemisphere. We asked whether looking at one quadrant of the visual field facilitates the recall in various visuo-spatial tasks. The different components of visuospatial memory were investigated by probing memory for a stimulus matrix in each quadrant of the screen. First, memory for visual images or patterns was probed with a matrix of squares that was simultaneously presented and had to be reconstructed by mouse click. Better memory performance was found in the upper left quadrant compared to the three other quadrants indicating that both laterality and elevation are important. Second, positional memory was probed by subsequently presenting squares which prevented the formation of a visual image. Again, we found that gaze to the upper left facilitated performance. Third, memory for object-location binding was probed by asking observers to associate objects to particular locations. Higher performance was found with gaze directed to the lower quadrants irrespective of lateralization, confirming that only some components of visual short-term memory have shared neural substrates.

Emerging treatments for PTSD Judith Cukor, Josh Spitalnick, JoAnn Difede, Albert Rizzo & Barbara O. Rothbaum

http://ict.usc.edu/pubs/Emerging%20treatments%20for%20PTSD.pdf

The Effects of Clinical Hypnosis versus Neurolinguistic Programming (NLP) before External Cephalic Version (ECV): A Prospective Off-Centre Randomised, Double-Blind, Controlled Trial
https://www.ncbi.nlm.nih.gov/pmc/articles/PMC3388481/
https://www.hindawi.com/journals/ecam/2012/626740/

The effect of neuro-linguistic programming on occupational stress in critical care nurses
https://www.ncbi.nlm.nih.gov/pmc/articles/PMC4776559/

Sport psychology and use of neuro linguistic programming (NLP) in sport
http://eprints.mdx.ac.uk/15740/1/NLP%20article%20Lazarus%20%20and%20Cohen%20.pdf

If at First You Don't Succeed... J.C. Norcross, PhD

http://www.bradburyac.mistral.co.uk/norcross.html

ERIC – Education Resources Information Center

http://www.eric.ed.gov/ERICWebPortal/search/simpleSearch
.jsp?newSearch=true&eric_sortField=&searchtype=basic&pa
geSize=10&ERICExtSearch_SearchValue_0=neurolinguistic
+programming&eric_displayStartCount=1&_pageLabel=ERI
CSearchResult&ERICExtSearch_Se archType_0=kw

Psycnet

Research findings on neurolinguistic programming: Nonsupportive data or an untestable theory? By Sharpley, Christopher F. Journal of Counseling Psychology, Vol 34(1), Jan 1987, 103-107.

http://psycnet.apa.org/index.cfm?fa=buy.optionToBuy&id=1
987-11411-001

Einspruch E L, Forman B D: Observations concerning research literature on Neurolinguistic Programming. Journal of Counseling Psychology 32(4): 589 -596, 1985.

Abstract: There is a growing body of empirical literature on Neurolinguistic Programming (NLP). A review of this literature by Sharpley (1984) failed to consider a number of methodological errors. In the present article the authors identify six categories of design and methodological errors contained in the 39 empirical studies of NLP documents through April 1984. These categories include (a) lack of understanding of the concepts of pattern recognition and inadequate control of context; (b) unfamiliarity with NLP as an approach to therapy; (c) lack of familiarity with the NLP "MetaModel" of linguistic communication; (d) failure to consider the role of stimulusresponse associations; (e) inadequate interviewer training and definitions of rapport; and, (f) logical mistakes. Representative reports reflecting each category are discussed. Suggestions are offered for improving the quality of research on NLP.

Eye movement as an indicator of sensory components in thought.

By Buckner, Michael; Meara, Naomi M.; Reese, Edward J.; Reese, Maryann Journal of Counseling Psychology, Vol 34(3), Jul 1987, 283-287.

http://psycnet.apa.org/index.cfm?fa=buy.optionToBuy&id=1987-30576-001

Abstract

This study investigated a claim of the Neuro-Linguistic Programming (NLP) eye movement model, which states that specific eye movements are indicative of specific sensory components in thought. Forty-eight graduates and undergraduates were asked to concentrate on a single thought while their eye movements were videotaped. They were subsequently asked to report if their thoughts contained visual, auditory, or kinesthetic components. Two NLP-trained observers independently viewed silent videotapes of participants concentrating and recorded the presence or absence of eye movements posited by NLP theorists to indicate visual, auditory, or kinesthetic components in thought. Coefficients of agreement (Cohen's K) between participants' 8 self-reports and trained observers' records indicate support for the visual ($K = .81$, $p < .001$) and auditory ($K = .65$, $p < .001$) portions of the model. The kinesthetic ($K = -.15$, $p < .85$) portion was not supported. Interrater agreement ($K = .82$) supports the NLP claim that specific eye movement patterns exist and that trained observers can reliably identify them. (PsycINFO Database Record (c) 2016 APA, all rights reserved)

The Eyes Don't Have It:

Lie Detection and Neuro-Linguistic Programming

http://journals.plos.org/plosone/article?id=10.1371/journal.po ne.0040259

List of studies in Neuro-Linguistic Programming – Wikipedia

http://en.wikipedia.org/wiki/List_of_studies_in_neuro-linguistic_programming

EVIDENCE-BASED NEURO LINGUISTIC PSYCHOTHERAPY: A META-ANALYSIS – Psychiatria Danubina, 2015; Vol. 27, No. 4, pp 355–363 Mini review

http://www.execulearn.com/images/NLPsychotherapyresearchstudy.pdf

<u>Miscellaneous of Note</u>

Observations from Ground Zero at the World Trade Center in New York city, part II: Theoretical and clinical considerations – Acosta J K, Levenson R L: International Journal of Emergency Mental Health 4(2): 119-126, 2002.

Abstract: Part I of this series discussed the authors' observations of Ground Zero, of the World Trade Center (WTC) immediately after the attack on September 11, 2001, as well as the stress-response of police officers on site. This paper offers a variety of clinical techniques for emergency mental health practitioners and first responders for use with victims of critical incidents. The suggested interventions are based on the theory and clinical practice of Emergency Medical Hypnosis, Neuro-Linguistic Programming, and Ericksonian Psychotherapy. Specific examples of how they were applied with police personnel following the World Trade Center attack are provided along with specific clinical guidelines. These interventions are designed to augment and enhance standard mental health and medical practice in the field. (PsycINFO Database Record (c) 2005 APA, all rights reserved).

https://www.wikigenes.org/e/ref/e/12166017.html
Acosta, J.K., Levenson, R.L. International journal of emergency mental health. (2002) [Pubmed]

Effects of Neuro-Linguistic Psychotherapy on Psychological Difficulties & Quality of Life
http://www.nlpt.at/res1.pdf

Neurolinguistic programming used to reduce the need for anesthesia in claustrophobic patients undergoing MRI
http://www.nlpt.at/res6.pdf

Reference
https://www.wikigenes.org/e/mesh/e/19679.html

Dissertation: An exploratory study of neuro linguistic programming and communication anxiety. Brunner, Lois M. – Monterey, California. Naval Postgraduate School
http://calhoun.nps.edu/bitstream/handle/10945/39664/93Dec_Brunner.pdf?sequence=1

<u>Nursing Related</u>

Efficacy of NLP Training in nursing and midwifery
http://www.nlpt.at/res4.pdf

Measuring the impact of NLP Communication Seminars on clinical practice in nursing: An evaluation using the Henwood CPD (Continuing Professional Development) Process Model
http://www.anlp.org/files/suzanne-henwood-nlp-communication-seminars-innursing_6_131.pdf

Neurolinguistic programming: a systematic review of the effects on health outcomes. Br J Gen Pract. 2012 Nov; 62(604): e757–e764. Published online 2012 Oct 29. doi:
https://dx.doi.org/10.3399%2Fbjgp12X658287
https://www.ncbi.nlm.nih.gov/pmc/articles/PMC3481516/

<u>Education Related</u>

Leading learning through relationships: the implications of Neuro-linguistic programming for personalization and the children's agenda in England - Richard Churches and John West-Burnham

http://www.anlp.org/files/churches-and-west-burnham-education-research2008_6_83.pdf

The Effect of Neuro Linguistic Programming (NLP) Techniques on Young Iranian EFL Learners' Motivation, Learning Improvement, and on Teacher's Success

http://www.sciencedirect.com/science/article/pii/S1877042815045516

Full text: http://ac.els-cdn.com/S1877042815045516/1-s2.0-S1877042815045516-main.pdf?_tid=02d16e3c-9d47-11e6-ad01-00000aacb35d&acdnat=1477684079_04dc923a166826855e2e5f69f11a36d0

Neuro-linguistic programming: Its potential for learning and teaching in formal education

http://www.nlp.com/pdfs/NLP%20study.pdf

Mapping Transformative Learning: The Potential of Neuro-Linguistic Programming

A comparative examination of the efficacy of Neuro-Linguistic Programming (NLP) and conventional interventions as helping techniques in adult guidance counselling

Fallon, Imelda URI:

http://hdl.handle.net/10344/5073

Full text:

https://ulir.ul.ie/bitstream/handle/10344/5073/Fallon_2014_c
omparative.pdf?sequence=6

Assalia M, Al-Banna A: Effectiveness of A Program in Neuro Linguistic Programming to Reduce a Future Anxiety among the Students of Al- Aqsa University, Affiliated with the Palestinian Organizations at Gaza Governorates. An-Najah University Journal for Research - Humanities 25(5): 1119-1158, 2011.

Abstract: This Study aimed at Recognizing on the level of future anxiety among University students affiliated with the Palestinian organization at Gaza Governorates and to Identify the effectiveness of N.L.P program in reducing a future anxiety, this study was applied on (180) students, the Researchers selected (40) students who got the highest grades on the scale of future anxiety, including (20) as experimental group, and(20) as a control Group, the Researcher has used a Measuring of future anxiety and the N.L.P program prepared by them, the Researchers reached at the following results: 36.1% suffer of serious future anxiety, and there were significant differences in average degree of the future anxiety before and after the implementation of distance and there were differences between the experimental and control groups for the pilot application in distance, there is a good effect of N.L.P program in reducing future anxiety among the students of the two groups in favor of the experimental group.

https://www.google.com/url?sa=t&rct=j&q=&esrc=s&source=web&cd=3&ved=0ahUKEwjs2Yfbo_7PAhUM2mMKHaDbCrUQFggnMAI&url=https%3A%2F%2Fwww.researchgate.net%2Fprofile%2FFawzy_Daw%2Fpublication%2F283461914_Neuro_linguistic_Techniques_Effectiveness_in_Reducing_Test_Anxiety_and_Improving_Students_Achievement_Performance%2Flinks%2F5638f16808ae2da875c79c4c&usg=AFQjCNHX3pL-L1zJRMMN5Rp6NwObFmh0VA&sig2=FwrrBwTR2CIhydj0bt_VXQ&bvm=bv.136811127,d.eWE&cad=rja

Related: Investigating the Effectiveness of Teaching Neuro-Linguistic Programming Strategies on High

School Students' Self-Esteem – American Journal of Scientific Research – ISSN 2301-2005 Issue 69 (2012), pp. 10-19 © EuroJournals Publishing, Inc. 2012 http://lifecoachplus.net/wp-content/uploads/2012/10/Investigating-theEffectiveness-of-Teaching-Neuro-Linguistic-Programming-Strategies-on-HighSchool-Students-Self-Esteem.pdf

Hypnosis Related links

Links for review – research related to hypnosis
http://www.seraphinauk.com/clinicians/

Hypnosis, NLP and Depression – Loral Lee Portenier, PhD
http://happinessnowhypnosis.com/images/documents/Hypnosis_NLP_Depression.pdf
Does Research Support NLP? By Andy Bradbury (UK English version)

Video of Andy Bradbury on NLP & Research
https://www.youtube.com/watch?v=KukTyMINQ20
http://www.bradburyac.mistral.co.uk/nlpfax22.htm

Creativity and self-expression

Beeden, S. (2009) Applying Dilts' `Disney creativity strategy' within the Higher Education arts, design and media environment, in P.Tosey,(ed.), Current research in NLP; Volume 1, proceedings of the first international NLP research conference, University of Surrey, 5th July 2008. ANLP International CIC. South Mimms, Hertfordshire, UK.

Ronne, M. (1998) A theoretical approach to creative expression for school counseling, PhD Thesis, The Union Institute.

Winch, S. (2005) From frustration to satisfaction: using NLP to improve self- expression, in Proceedings of the 18th EA Educational Conference 2005, Surry Hills NSW.

E-learning

Ghaoui, C. and Janvier, W.A. (2009) Interactive e-learning, International Journal of Distance Education Technologies, 2: 3: 2: 26-35.

Sheridan, R.D. (2008) Teaching the elderly effective learning strategies in relation to internet use, PhD Thesis, University of Brighton.

Zhang, N. and Ward, A.E. (2004) On the adaption of e-learning content to learner NLP input sensory preference,

International Conference on Innovation, Good Practice and Research in Engineering Education, 131-137, Wolverhampton, 3-4, June.

Emotional, social, behavioral and learning difficulties
Beaver, R. (1989) Neuro-Linguistic programming as practiced by an educational psychologist, Association of Educational Psychologists Journal, 5: 2: 87-90.

Bull, L. (2007) Sunflower therapy for children with specific learning difficulties (dyslexia): a randomized, controlled trial, Complementary therapies in clinical practice, 13: 1: 15-24.

Childers, J.H. (1989) Looking at yourself through loving eyes, Elementary School Guidance and Counseling, 23: 3: 204-209.

Esterbrook, R.L. (2006) Introducing Russian Neuro-Linguistic Programming behavior modification techniques to enhance learning and coping skills for high-risk students in community colleges: an initial investigation, Doctoral Dissertation, George Mason University, Fairfax VA.

Fruchter, H.J. (1983) Sensory reinforcement in the service of aggression maintenance in children: a treatment study,

Dissertation Abstracts International 45(3) 1013-B Syracuse University.

Renwich, F. (2005) The 'A Quiet Place' programme: Short-term support for pupils with social, emotional and behavioral difficulties in mainstream schools, Educational and Child Psychology, The British Psychological Society, 22: 3: 78-88.

Squirrel, L. (2009) Can Neuro-Linguistic Programming work with young children who display varying Social, Emotional and Behavioral Difficulties?, in P.Tosey (ed.), Current research in NLP; vol. 1: proceedings of the first international NLP research conference, University of Surrey, 5th July 2008, South Mimms, Hertfordshire: ANLP International CIC.

English as a foreign language

Harris, T. (2001) NLP if it works use it . . ., CAUCE, Revista de Filología y su Didáctica, 24: 29-38.

Knowles, J. (1983) The old brain, the new mirror: matching teaching and learning styles in foreign language class (based on Neuro-Linguistic Programming), Paper presented at the Northeast Conference on the Teaching of Foreign Languages, Baltimore, MD, April 28th -May 1st 1983.

Further and Higher education

Johnson, S. (2004) 'Strategies for success': integrating Neuro Linguistic Programming into the undergraduate curriculum, paper presented at The 12th Improving Student Learning Symposium, Oxford Centre for Staff and Learning Development, Oxford Brookes University, Birmingham, 6-8 September.

Murray, P. and Murray, S. (2007) Promoting sustainability values within career-oriented degree programmes: a case study analysis, International Journal of Sustainability in Higher Education, 8: 16- 300.

Skinner, H. and Croft, R. (2009) Neuro-Linguistic Programming techniques to improve the selfefficacy of undergraduate dissertation students, Journal of Applied Research in Higher Education, 1: 1: 9-38.

Language and learning

Eckstein, D. (2004) Reframing as an innovative educational technique: turning a perceived inability into an asset, Korean Journal of Thinking and Problem Solving, 14: 1: 37-47.

Marcello, M. (2003) Language and identity: learning and the learner, paper presented at the Tenth International Literacy and Education Research Network Conference on Learning.

Institute of Education, University of London 15th – 18th July 2003.

Mathison, J. (2004) The inner life of words: an investigation into language in learning and teaching, PhD thesis, University of Surrey.

Mathison, J. and Tosey, P. (2008c) Riding into Transformative Learning, Journal of Consciousness Studies, 15: 2: 67-88.
McCabe, D. (1985) Meeting language needs of all types of learners, Academic Therapy, 20: 5: 563- 567.

Millrood, R. (2004) The role of NLP in teachers' classroom discourse, ELT Journal, 58: 10-37.

Leadership and management in education and in general
Dowlen, A. (1996) NLP - help or hype? Investigating the uses of neuro-Linguistic Programming in management learning, Career Development International, 1: 27-34.

Helm, D.J. (1994) Neuro-Linguistic Programming: establishing rapport between school administrators and the students, staff and community, Education, 114: 4: 625-627.

Hutchinson, G, Churches, R. and Vitae, D. (2006) The consultant leader program in London's PRUs and EBD schools; impact report 3: towards system leadership, Reading: CfBT Education Trust and the National College for School Leadership.

Hutchinson, G., Churches, R. and Vitae, D. (2007) NCSL London Leadership Strategy, consultant leaders to support leadership capacity in London's PRUs and EBD Schools: impact report: roll-out, July 2007, Reading: CfBT Education Trust and the National College for School Leadership.

Hutchinson, G., Churches, R. and Vitae, D. (2008)Together we have made a difference: consultant leaders to support leadership capacity in London's PRUs and EBD schools, final program report, Reading: CfBT Education Trust and the National College for School Leadership, San Diego, California: Jensen Learning.

Jones, J. and Attfield, R. (2007) Flying high: some leadership lessons from the Fast Track teaching program, Reading: CfBT Education Trust. Unpublished.

Young, J. A. (1995) Developing leadership from within: a descriptive study of the use of Neurolinguistic Programming practices in a course on leadership, Dissertation, Ohio State University, Abstracts International Section A: Humanities and Social Sciences. Vol. 56 (1-A).

Meta programs in the classroom

Brown, N. (2002) Meta program patterns in accounting educators at a UK business school, Accounting Education, 11: 79-91.

Brown, N. (2003) A comparison of the dominant meta program patterns in accounting undergraduate students and accounting lecturers at a UK business school, Accounting Education, 12: 159-175.

Brown, N. (2004) What makes a good educator? The relevance of meta-programs, Assessment and Evaluation in Higher Education, 29: 5: 515-533.

Brown, N. and Graff, M. (2004) Student performance in business and accounting subjects as measured by assessment results: an exploration of the relevance of personality traits identified using meta- programs, International Journal of Management Education, 4: 3-18.

Modeling

Day, T. (2005) NLP modeling in the classroom: students modeling the good practice of other students, paper presented at the British Educational Research Association New Researchers/Student Conference, University of Glamorgan, 14th September 2005.

Day, T. (2008a) A study of a small-scale classroom intervention that uses an adapted NeuroLinguistic Programming modeling approach, PhD Thesis, University of Bath.

Parents

Munaker, S. (1997) The great aha! a path to transformation, PhD Dissertation, Abstracts International Section A: Humanities and Social Sciences. Vol. 57(11-A), May 1997.

Outdoor education

Lee, A. (1993) Outdoor education and Neuro-Linguistic Programming, Journal of Adventure Education and Outdoor Leadership, 10: 16-17.

Parents

Brandis, (1987) A neuro-linguistic treatment for reducing parental anger responses and creating more resourceful behavioral options, California School of Professional

Psychology, Los Angeles, Dissertation Abstract Dissertation Abstracts International. Vol. 47(11-B), May 1987.

De Mirandi, C.T., de Paula, C.S., Palma, D., da Silva, E.M., Martin, D. and de Nobriga, F.J. (1999) Impact of the application of neuro-linguistic programming to mothers of children enrolled in a day care center of a shantytown, Sao Paulo Medical Journal, 4: 117(2): 63-71.

Hall, E., Wall, K., Higgins, S., Stephen, L., Pooley and Welham, J. (2005) Learning to learn with parents: lessons from two research projects, Improving Schools, 8: 179-191.

Peer counseling
Dailey, A.L. (1989) Neuro Linguistic Programming in peer counselor education, Journal of College Student Development, 30: 2: 173-175.

Research methodology and NLP
Mathison, J. and Tosey, P. (2008a) Innovations in constructivist research: NLP, psychophenomenology and the exploration of inner landscapes, The Psychotherapist, 37: 5-8.

Mathison, J. and Tosey, P. (2008b) Exploring inner landscapes: NLP and psycho-phenomenology as innovations in researching first-person experience, Qualitative Research in Management and Organization Conference, New Mexico, March 11th -13th 2008.

Steinfield, T.R. and Ben-Avie, M. (2006) A Brief Discussion of the Usefulness of NLP in Action-Based Education Research. Paper presented at the NLP and research: a symposium, Surrey University School of Management, University of Surrey, 16th June 2006.

Spelling strategy

Loiselle F. (1985) The effect of eye placement on orthographic memorization, PH.D. Thesis, Faculté des Sciences Sociales, Université de Moncton, New Brunswick, Canada.

Malloy, T.E. (1987) Teaching integrated thought. Techniques and data, Paper presented at Annual Meeting of the Conference on College Composition and Communication 19th-12th March. Available at ERIC.

Malloy, T.E. (1989) Principles for teaching cognitive strategies, University of Utah, available at www.kattmodel.se.

Malloy, T.E. (1995) Empirical evaluation of the effectiveness of a visual spelling strategy, in K.H. Schick (ed), Rechtschreibtherapie, Paderborn, Junfermann Verlag.

Teacher perspectives and development

Carey, J., Churches, R., Hutchinson, G., Jones, J. and Tosey, P. (2009) Neuro-Linguistic Programming and learning: teacher case studies on the impact of NLP in education, Reading: CfBT Education Trust.

Churches, R. and West-Burnham (2008) Leading learning through relationships: the implications of Neuro-Linguistic Programming for personalization and the Children's Agenda in England, Reading: CfBT Education Trust.

Churches, R. and West-Burnham, J. (2009) Leading learning through relationships: the implications of Neuro-Linguistic Programming for personalization and the Children's Agenda in England, in P. Tosey, P. (ed.), Current research in NLP, vol. 1: proceedings of the first international NLP research conference, University of Surrey, 5th July 2008, South Mimms, Hertfordshire: ANLP International CIC, pp.126-136.

Dragovic, T. (2007) Teachers' professional identity and the role of CPD in its creation - a report on a study into how NLP and non-NLP trained teachers in Slovenia talk about their professional identity and their work, International Society for Teacher Education, 27th Annual International Seminar at University of Stirling, Scotland, 24th –30th June 2007.

Teaching and learning in general
Childers, J.H. (1985) Neuro-Linguistic Programming: enhancing teacher-student communications, Journal of Humanistic Counseling, Education and Development, 24: 1: 32-39.

Dolnick, K. (2006) Neuro-Linguistic applications to classroom management: reach them to teach them, PhD Thesis, Capella University.

Girija Navaneedhan, C. and Saraladevi Devi, K. (2009) Influence of learning techniques on information processing, US-China Education Review, 6: 1 (Serial No.50): 1-32.

Helm, D.J. (1989) Education: the wagon train to the stars/it's time to `jump start' learning through NLP', Education, 110: 2: 54-256.

Helm, D.J. (1990) Neuro-linguistic Programming: equality as to distribution of learning modalities, Journal of Instructional Psychology, 17: 3: 159-160.

Helm, D.J. (1991) Neuro-linguistic Programming: gender and the learning modalities create inequalities in learning: a proposal to reestablish equality and promote new levels of achievement in education, Journal of Instructional Psychology, 18: 3: 167-169.

Helm, D.J. (2000) Neuro-Linguistic Programming: enhancing learning for the visually impaired, Education, 120: 5: 790-794.

Hillin, H.H. (1982) Effects of a rapport method and chemical dependency workshop for adults employed in Kansas service agencies, Dissertation Abstracts International 44(12), 3574-A, Kansas State University.

Kennedy, C. and And, O. (1994) Study strategies: a formula for exceptional outcomes in the mainstream, paper presented at the Annual Convention of the Council for Exceptional Children, 72nd, Denver, CO, April 6th –10th, 1994.

Parr, G. and And, O. (1986) The effectiveness of Neurolinguistic Programming in a small-group setting, Journal of College Student Personnel, 27: 358-361.

Ragan, J. and Ragan, T. (1982) Working effectively with people: contributions of neuro-linguistic Programming (NLP) to visual literacy, paper presented at the Annual Meeting of the International Visual Literacy Association (13th, Lexington, KY, October 31st - November 3rd, in Journal of Visual Verbal Languaging, 2: 2: 67-79.

Raja, R. and Tien, N. (2009) Exploring multi-modality tools of Neuro-Linguistic Programming (NLP) to facilitate better learning among primary school students National Institute of Education, Singapore, Redesigning Pedagogy, International Conference 1-3 June.

Sandhu, D.S. (1994) Suggestopedia and Neuro-linguistic Programming: introduction to whole brain teaching and psychotherapy, Journal of Accelerative Learning and Teaching, 19: 3: 229-240.

Schaefer, J. and Schajor, S. (1999) Learning with all one's senses: Neuro-linguistic Programming in the teaching of pediatric nursing, Kinderkrankenschwester, 18: 7: 289-91.

Stanton, H. E. (1989) Using Neuro-Linguistic Programming in the schools, Journal of the Society for Accelerative Learning and Teaching, 14: 4: 311-326.

Stanton, H. E. (1998) Reducing test anxiety by a combination of hypnosis and NLP, Journal of Accelerated Learning and Teaching, 23: 59-65.

Tosey, P. and Mathison, J. (2003a) Neuro-Linguistic Programming: its potential for teaching and learning in higher education, paper presented at the European Educational Research Association conference, University of Hamburg, 17th – 20th September 2003.

Tosey, P. and Mathison, J. (2003b) Neuro-Linguistic Programming and learning theory: a response, Curriculum Journal, 14: 3: 371-388.

Tosey, P., Mathison, J. and Michelli, D. (2005) Mapping transformative learning: the potential of Neuro-Linguistic Programming, Journal of Transformative Education, 3: 2: 140-167.

Thalgott, M.R. (1986) Anchoring: a 'cure' for Epy, Academic Therapy, 21: 3: 347-352.

Woerner, J. and Stonehouse, H. (1988) The use of Neuro-Linguistic Programming model for learning success, School Science and Mathematics, 88:516-524.

Zechmeister, E. (2003) The impact of NLP on the performance and motivation of primary school children, PhD Thesis, Leopold-Franzens-Universität, Innsbruck.

Vocal training
Pruett, J.A.S. (2002) The application of the Neuro-Linguistic Programming model to vocal performance training, DMA Thesis, University of Texas, Austin.

Zechmeister, E. (2003) The impact of NLP on the performance and motivation of primary school children, PhD Thesis, Leopold-Franzens-Universität, Innsbruck.

Papers and research that question the use of NLP in education

Only papers from the 1980's contain formal research evidence that is critical. Furthermore, the methodologies used in these have been criticized - in most cases because of inaccurate application/interpretation of NLP techniques (See Carey et al., 2009). So far, no critical papers (since the 1980's) contain research evidence-based criticism that is the result of actual NLP research.

Zechmeister, E. (2003) The impact of NLP on the performance and motivation of primary school children, PhD Thesis, Leopold-Franzens-Universität, Innsbruck.

Research

Bradley, G. M. (1986) The effectiveness of a Neuro-linguistic Programming treatment for students test anxiety, Melbourne: La Trobe University.

Cassiere, M. F. and And, O. (1987) Gender differences in the primary representational system according to Neuro-linguistic Programming, paper presented at the Annual Convention of the Southwestern Psychological Association, 33rd, New Orleans, LA, April 16th –18th.

Fremder, L.A. (1986) Generalization of visual dot pattern strategies to number pattern strategies by learning disabled students, Dissertation Abstracts International 47(11), 4055-A Columbia University Teachers College.

Schleh, M.N. (1987) An examination of the Neuro-linguistic Programming hypothesis on eye movements in children, Dissertation Abstracts International 48(2), 584-B Biola University, Rosemead School of Psychology.

Semtner, E.A. (1986) An investigation into the relevance of using Neuro-linguistic Programming (NLP) as an aid in individualizing college reading programs, Dissertation Abstracts International 47(4).

Perspectives
Burton, D. (2007) Psycho-pedagogy and personalized learning, Journal of Education for Teaching International Research and Pedagogy, 33: 13-17.

Craft, A. (2001) Neuro-Linguistic Programming and learning theory, Curriculum Journal, 12: 125-136.

Lisle, A. (2005) The double loop: reflections on personal development planning and reflective skills of undergraduates, paper presented at the British Educational Research Association Annual Conference, University of Glamorgan, 14th –17th September 2005. 18

Marcus, J. and Choi, T. (1994) Neuro-linguistic Programming: magic or myth? Journal of Accelerative Learning and Teaching, 19: 3-4: 309-342.